JN095101

第2版

デジタル遺品の探しかた しまいかた 残しかた ＋隠しかた

身内が亡くなったときの
スマホ・パソコン・サブスク・SNS・
デジタル資産等への対応や、
デジタル終活がわかる本

弁護士・公認会計士 伊勢田篤史
ジャーナリスト 古田雄介

日本加除出版株式会社

第2版の刊行にあたって

本書の初版から２年が経過し、各種インターネットサービスの内容等の変更（「Twitter」が「X」へと改名される等の「事件」もありました。）や給与のデジタル払いが解禁されるなど、デジタル遺品を取り巻く環境も大きな変化が見られました。

そこで、以下のとおり内容をアップデートし、ブラッシュアップすることとなりました。

①　有料サービスについて

筆者らがよく質問・相談を受ける有料サービス（携帯電話・スマホの通話通信契約、サブスク等の定額課金サービス、電子書籍、動画サービス）について、「有料サービスを利用している場合」という章を新設し、大幅に加筆修正しました。

②　LINEの残しかたについて

故人との思い出が詰まったLINEのやりとりの残しかたについて、具体的な手法を追加しました。また、故人のLINEアカウントが自動的に抹消されてしまうトラブルへの対処法もあわせて追加しました。

③　その他インターネットサービス内容の変更等について

インターネットサービスの内容に変更等があったものについては、適宜内容をアップデートしております（例：Googleアカウントの保全方法、QRコード決済での給与払いについて、生成AIと「デジタル故人」の関わり合い、など）。

④　デジ弁からのアドバイス

　各論編は各章の最後に、相続手続等に関わる専門家に向けた「デジ弁からのアドバイス」を追加しました。専門家の先生方におかれましては、デジタル遺品に関する支援等にご活用ください。

　なお、後述の「本書について」記載のとおり、本書の構成や本書に込めた想いは変わっていません。本書が、読者の皆様のデジタル遺品対応の一助となれば幸いです。

2024年２月

伊勢田篤史

古田　雄介

■■■初版からの主な修正箇所■■■

第２版では、「第２版の刊行にあたって」で示した箇所のほか、インターネットサービスの内容に変更等があったものや、執筆する際に気づいた点については、適宜内容をアップデートしています。

特に主な追加修正箇所については、以下のとおりとなります。

【総論01】

・コラム「デジタル遺言の可能性」を追加　*8*

【総論03】

・コラム「死後事務委任契約を利用する際の注意点」を追加　*27*

【各論01】

・コラム「５割の人は旧端末を自宅で保管している？」を修正　*34*
・「1　携帯電話・スマホのロック解除」を修正　*36*
・「2　携帯電話・スマホの中身の確認」の「①　スマホのOSごとの確認方法」のサンプルを修正　*40*
・コラム「マイナンバーの機能を組み込んでいる場合」を追加　*46*
・パソコンのロック解除のチャートや解説を修正　*50*
・コラム「デジタル機器の主流はめまぐるしく変わる」を修正　*59*
・「デジ弁からのアドバイス」を追加　*61*

【各論02】

・コラム「ヘルプセンターの利用」を修正　*71*
・コラム「アカウントの削除を申請する」の画面を修正　*73*
・コラム「追悼アカウントを申請する」の画面を修正　*75*
・「③ Facebookアカウントの残しかた」を修正　*77*
・「❷ InstagramやThreadsを利用している場合」を修正　*79*
・コラム「X（旧Twitter）とThreadsの関係性」を追加　*80*
・「① X（旧Twitter）アカウントの探しかた」を修正　*83*
・コラム「ログインできない場合は茨の道」を修正　*85*
・コラム「X（旧Twitter）に追悼アカウント機能がつく?」を修正　*87*
・コラム「放置していると他人のIDになる？」を修正　*90*
・「③ LINEアカウントの残しかた」を修正　*91*
・コラム「インターネットの居場所は多種多彩」を修正　*93*

・コラム「サイトの跡地を悪用させないために」を追加　*95*
・コラム「「デジタル故人」の可能性」を追加　*96*
・「デジ弁からのアドバイス」を追加　*97*

【各論03】
・本章「有料サービスを利用している場合」を新設　*98*
・「デジ弁からのアドバイス」を追加　*113*

【各論04】
・「❶ YouTuberをしている場合」を追加修正　*119*
・「１故人ウェブサイト等から広告を確認する方法」を修正　*124*
・「デジ弁からのアドバイス」を追加　*135*

【各論05】
・コラム「家族に内緒で証券口座開設なんてできるの？」を修正　*141*
・コラム「最後の手段」を修正　*145*
・コラム「ネット銀行も同様に対処」を追加修正　*147*
・コラム「「デジタル証券」とは何か？」を追加　*149*
・「❸ NFTを持っている場合」を追加　*160*
・コラム「NFTとメタバース、そして「ネット墓」」を追加　*162*
・「デジ弁からのアドバイス」を追加　*163*

【各論06】
・コラム「デジタル給与払いが解禁」を修正　*168*
・「主なキャッシュレス決済サービスのタイプと残高上限」を修正　*170*
・コラム「キャッシュレス決済アプリ内の電子マネーの相続」を修正　*170*
・コラム「実際のチャージ残高はどれくらい？」を追加　*171*
・コラム「原則は一つの端末に１アカウント」を修正　*173*
・「１　残高の引継ぎ手続について」を修正　*175*
・「PayPayアカウントのスクリーンショット例」を修正　*179*
・「１　ポイントのしまいかた――マイレージ」を修正　*182*
・「デジ弁からのアドバイス」を追加　*184*

【特別付録】
・コラム「「アカウント無効化管理ツール」を使おう」を修正　*192*
・コラム「iCloudも終活できる時代に」を修正　*193*

本書について

（初版はしがき）

1 はじめに

インターネットの普及やIT技術の劇的な進化などにより、もはや私たちの生活はパソコンやスマートフォン（以下、「スマホ」といいます。）なしでは成り立たない状況となりました。

デジタル化の進んだ現代社会は、これまででは考えられないような便利さを手に入れています。しかし一方で、パソコンやスマホのユーザー自身が亡くなってしまった際には、デジタル機器のログインパスワードが分からず開けない、ネット証券口座の有無が分からない等のトラブルが発生する不安が増しているのも事実です。

こうした状況を背景に、2015年頃から「デジタル終活」「デジタル遺品」という言葉がメディアに頻出するようになり、これから考えなければならない課題として認識されるようになってきました。

2 本書に込めた想い

昨今の終活ブームにより、死後の手続等をまとめた書籍は多く出版されていますが、「デジタル遺品」（パソコンやスマホ等のデジタル機器に保存されたデータやインターネットサービスのアカウント等を指す言葉。15頁参照）の対応方法をまとめた書籍等はまだ少なく、遺族がパソコンやスマホ等の処理に頭を抱えてしまうケースは少なくないものと思います。

本書は、大切なご家族が亡くなってしまったときに、**いかにして「デジタル遺品」を探して、処理すべきか**、を中心に解説し、残された方々の力になりたいという思いで執筆しました。

また、ご自身の「デジタル終活」（デジタル遺品に対する死後の取扱い等について考える終活）にも役立ててほしいという趣旨で、**デジタル遺品の残しかた**についても解説しています。本書がデジタル終活を始めるきっかけとなりましたら幸いです。

3 本書の構成

本書は、総論、各論、特別付録の３部構成です。

楽しく分かりやすく読めるよう、すべてのパートにつき、ストーリーを掲載しています。

(1) 総　論

総論では、一般的な相続手続の流れとともに、デジタル遺品やその相続手続全般について概説しています。一刻も早くデジタル遺品の処理について知りたいという方は、総論は後回しにして、各論をご確認ください。

(2) 各　論

各論では、本書のタイトルのとおり、一般的なデジタル遺品の「探しかた」「しまいかた」「残しかた」を紹介しています。

探しかた：デジタル遺品を遺族がどう探せばよいのか、その手がかり等について紹介します。

しまいかた：発見されたデジタル遺品を、遺族がどう処理すればよいのか（しまえばよいのか）について紹介します。

残しかた：デジタル遺品を自分がどう残せばよいのか、について紹介します。

なお、巻頭には、読者の方にとって必要な部分にすぐにアクセスできるよう、チャート図をご用意しましたのでご参照ください。

(3) 特別付録

特別付録として、多くの方が気にされている（？）**デジタル遺品の隠しかた**についても簡単に解説したいと思います。

※　本書は、デジタル遺品に関する情報等をきちんと遺族に残すこと（デジタル終活）を推奨するものであり、遺族に対し、何らの情報を残さず、デジタル遺品を隠すことを推奨するものではありません。
　あくまで、「残す」と「隠す」を両立する方法を探る趣旨となりますので、あらかじめご了承ください。

4 さいごに

本書は、終活弁護士、日本デジタル終活協会代表理事などの活動を行っている伊勢田と、デジタル遺品を考える会代表でジャーナリストの古田で執筆しました。

二人とも、デジタル遺品を、怖くて不安な存在のままにせず、従来の遺品と同じように対応できる存在にしたいという思いで活動しています。どうぞご活用ください。

2021年10月
伊勢田篤史
古田　雄介

登場人物紹介

デジ子(妻)

デジ太(息子)

デジ郎の父。
死後も、その旺盛な好奇心はとどまることを知らず、天国から、現世の様子を常にチェックしており、パソコンやスマホについてもよく知っている。

このたび、天国へ召されることになる。
チチ郎の一人息子。
副業に精を出す、“デジタル大好き”サラリーマン。
チチ郎に似て、好奇心旺盛。

デジ郎の妻。専業主婦。
デジ郎とは真逆で、アナログ人間。少し毒舌。

デジ郎とデジ子の一人息子。
父に似て、デジタル機器やインターネット等には明るい。やや心配性。

死してなお、天国で活動を続ける弁護士。
デジタル遺品の処理に詳しい。

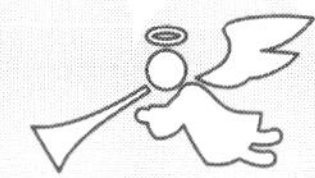

先生、このたび、
私の息子のデジ郎が亡くなってしまいまして、
こっちの世界に来ることになりました。

それは……
ご愁傷様です。久しぶりの再会ですね。

はい、それは楽しみなのですが……
ただ、今回は私がいろいろな「案内役」を
担当することになりまして……。
今のうちから、相続手続等についても
勉強しておかないとと思いまして。
また、最近はパソコンやスマホといった、
我々の時代にはなかったものが
普及しているようで……。
「デジタル遺品」というのですか？
いろいろと厄介（やっかい）なようで……。

かしこまりました。
では、相続手続の基本から
「デジタル遺品」まで
一緒に勉強していきましょう！

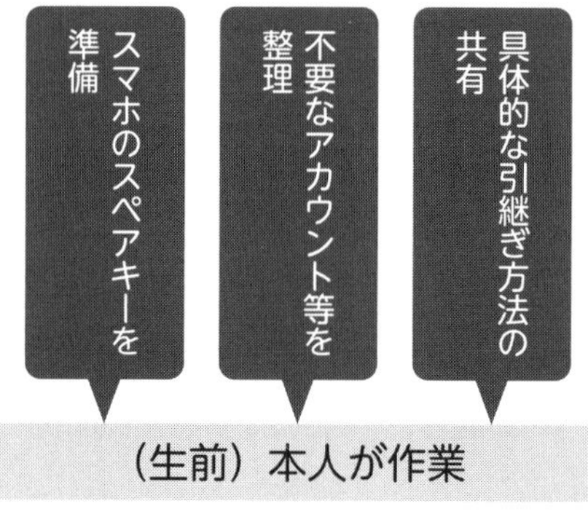

本人がやるべきこと（本人の視点）

年齢に関係なく、まず本人がすべき作業は、緊急時にスマホやパソコンのログインパスワードが残された側に伝わるようにする「スマホのスペアキー」の準備です（189頁参照）。

スマホのスペアキーの準備により、万が一に備えつつ、不要な契約（アカウント等）を整理するように心がけましょう。

余裕があれば、ログインパスワード等の共有のみならず、具体的なデータやアカウント等の引継ぎに関する意思や方法についても、エンディングノート等を活用して共有できるようにするとよいでしょう。

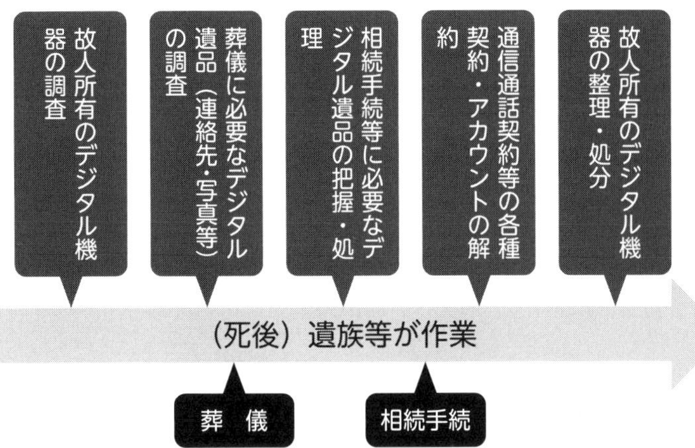

遺族等がやらないといけないこと（遺族等の視点）

本人が何も対策せずに亡くなった場合、遺族はゼロからデジタル遺品の有無や内容を調べなければなりません。まずは、故人が所有していたパソコンやスマホ等のデジタル機器を探して、各デジタル機器内へのアクセスを試みましょう。

死後においては、すぐに葬儀が執り行われるケースが多いため、葬儀に必要な故人の友人・知人の連絡先や遺影に使用する写真等の調査をしましょう。葬儀後は、相続手続等に関するデジタル遺品の調査を行い、故人のデジタル遺品の全体像を明らかにするとよいでしょう。

このときに注意したいのは、通信通話契約やサブスクリプションの契約の処理方法です。

月額の基本料金等が日割でかかるため、すぐに解約したいという気持ちも分かりますが、解約してしまった場合には、そのアカウント等に関する情報が調べられずに後悔するケースが後を絶ちません。

デジタル機器の整理・処分と同様、デジタル遺品の整理・処理が終わった後に対処するとよいでしょう。

遺族のための対応チャート図

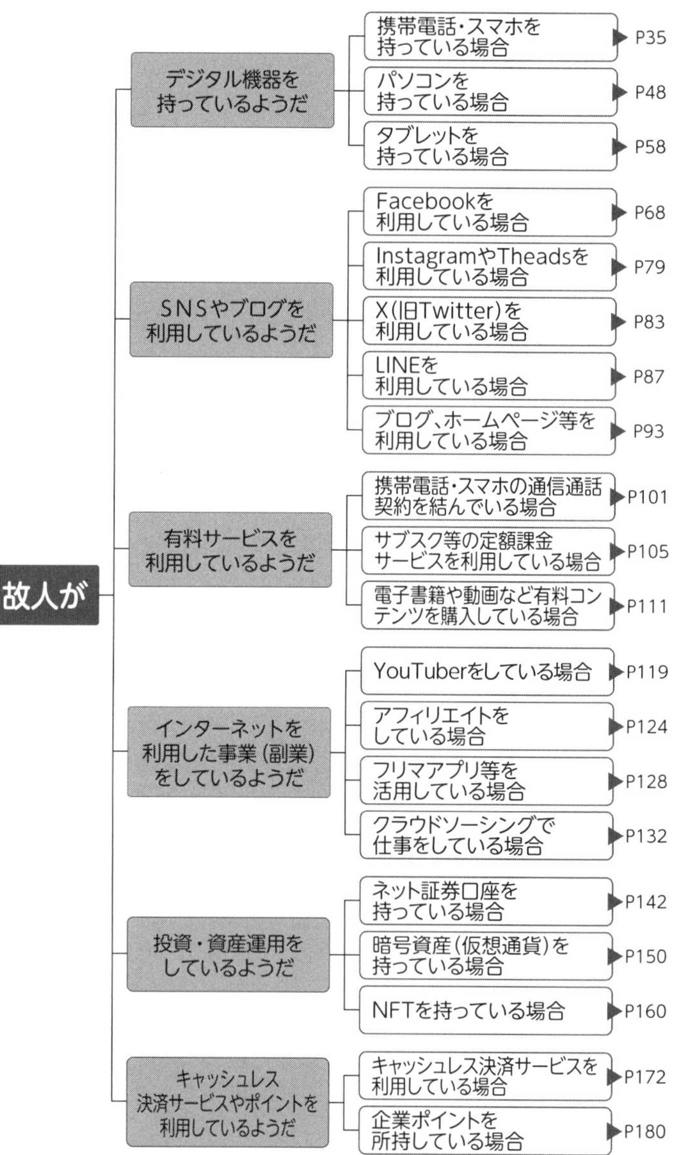

故人が
デジタル機器を持っているようだ
携帯電話・スマホを持っている場合 P35
パソコンを持っている場合 P48
タブレットを持っている場合 P58
SNSやブログを利用しているようだ
Facebookを利用している場合 P68
InstagramやTheadsを利用している場合 P79
X(旧Twitter)を利用している場合 P83
LINEを利用している場合 P87
ブログ、ホームページ等を利用している場合 P93
有料サービスを利用しているようだ
携帯電話・スマホの通信通話契約を結んでいる場合 P101
サブスク等の定額課金サービスを利用している場合 P105
電子書籍や動画など有料コンテンツを購入している場合 P111
インターネットを利用した事業(副業)をしているようだ
YouTuberをしている場合 P119
アフィリエイトをしている場合 P124
フリマアプリ等を活用している場合 P128
クラウドソーシングで仕事をしている場合 P132
投資・資産運用をしているようだ
ネット証券口座を持っている場合 P142
暗号資産(仮想通貨)を持っている場合 P150
NFTを持っている場合 P160
キャッシュレス決済サービスやポイントを利用しているようだ
キャッシュレス決済サービスを利用している場合 P172
企業ポイントを所持している場合 P180

本人のための対応チャート図

自分が
デジタル機器を持っている
携帯電話・スマホを持っている場合 P48
パソコンを持っている場合 P57
タブレットを持っている場合 P58
SNSやブログを利用している
Facebookを利用している場合 P77
InstagramやTheadsを利用している場合 P82
X(旧Twitter)を利用している場合 P87
LINEを利用している場合 P91
ブログ、ホームページ等を利用している場合 P96
有料サービスを利用している
携帯電話・スマホの通信通話契約を結んでいる場合 P105
サブスク等の定額課金サービスを利用している場合 P110
電子書籍や動画など有料コンテンツを購入している場合 P111
インターネットを利用した事業（副業）をしている
YouTuberをしている場合 P122
アフィリエイトをしている場合 P127
フリマアプリ等を活用している場合 P131
クラウドソーシングで仕事をしている場合 P133
投資・資産運用をしている
ネット証券口座を持っている場合 P148
暗号資産(仮想通貨)を持っている場合 P158
NFTを持っている場合 P161
キャッシュレス決済サービスやポイントを利用している
キャッシュレス決済サービスを利用している場合 P179
企業ポイントを所持している場合 P183

CONTENTS

各論

01 デジタル機器を持っている場合 —— P.30

デジ郎が亡くなった日の夕方……

各論

02 SNSやブログを利用している場合

各論

03 有料サービスを利用している場合 ―― P.98

各論

04 インターネットを利用した事業(副業)をしている場合 ⟶ P. 114

▶ デジ郎の死亡から１週間後……

各論

06 キャッシュレス決済サービスやポイントを利用している場合→ P. 164

デジ郎の死亡から2か月……

特別付録

デジタル遺品の隠しかた ⟶ P. 186

天国から……

必ずお読みください

▶ 本書の内容は情報の提供のみを目的としています。本書のご利用は、必ずご購読者様の責任と判断によって行ってください。ご利用の結果について、発行者および著者はいかなる責任も負いません。

▶ 本書の情報は、特に断りのない限り、2024年１月時点での最新情報に基づいています。これらの情報は更新されることがあり、本書の説明と異なる状況になることもあります。あらかじめご了承ください。

以上をご承諾いただいた上で、本書のご利用をお願いします。

総論

総論 01

相続手続の基本

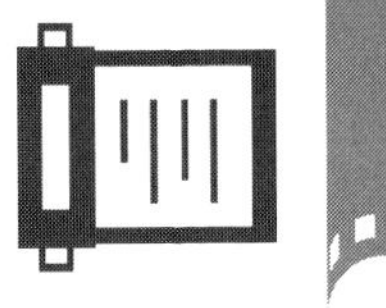

天国から……

人が亡くなると、その遺族や親族が、
その故人の財産（遺産）を引き継ぐこととなります。これがいわゆる「相続」ですね。
相続に関する一連の手続が
「相続手続」となります。

相続手続って具体的には、
何をすればよいのでしょうか。

相続手続は、
以下のような流れで考えるとよいでしょう。
具体的には、①遺産の取り分を決める手続と、
②各遺産を引き継ぐ手続の
２つの段階に分けることが可能です。

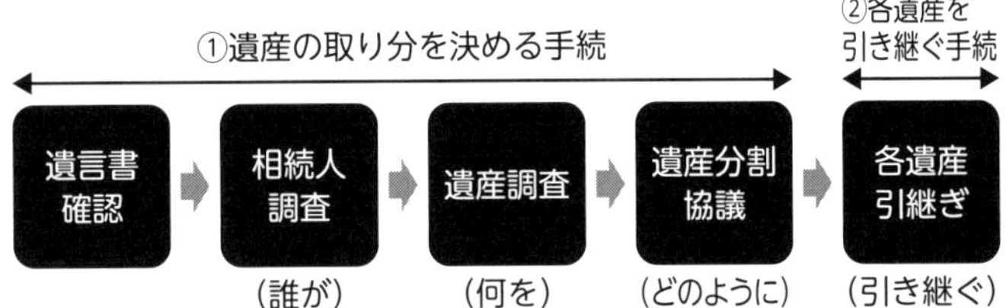

なんか、漢字ばかりで
目がチカチカしそうだ……。

前記の表のとおり、
①「誰が」「何を」「どのように」相続するのかを決める手続と、②それに従って実際に各財産を引き継ぐ手続の2つに分けることができます。

なぜ、最初に遺言書の確認をするんですか？

故人が遺言書を作成している場合、
「遺産調査」や「遺産分割協議」が
不要となるケースもあるからです。

なるほど、遺言書があると、
遺族も楽になるんですね。

次に、相続人調査ですね。
これは、故人の遺産を相続する権利がある親族、つまり「相続人」の有無を調査するものです。
具体的には、故人の出生から死亡までの
戸籍謄本を取得することとなります。

隠し子なんかいると、もめるやつですね。
遺産調査というのは、亡くなった人の遺産を
調査するってことですか？

はい、そのとおりです。
この作業がとても大変なんですよ。

私の頃であれば、パソコンもない時代だったし、
通帳等の場所とかも家族で共有していたから
よかったけど、今の時代は大変だろうな。

最後に、遺産分割協議ですね。
これは、読んで字のごとく、故人の遺産を
どう分けるのかを話し合うものとなります。

ところで、②の「各遺産を引き継ぐ手続」というのは何ですか？

故人の遺産の中に預貯金口座等がある場合には、各金融機関で、口座の相続手続（払戻し等の手続）が必要となります。また、遺産の内容次第では、相続人の間のやりとりだけでなく、第三者との間での手続が必要となる場合があります。

これまた面倒そうな……。

この手続については、
提出しなければならない資料も多く、
遺族の方がいつも苦労されています。

お嫁さん、大丈夫かな……。

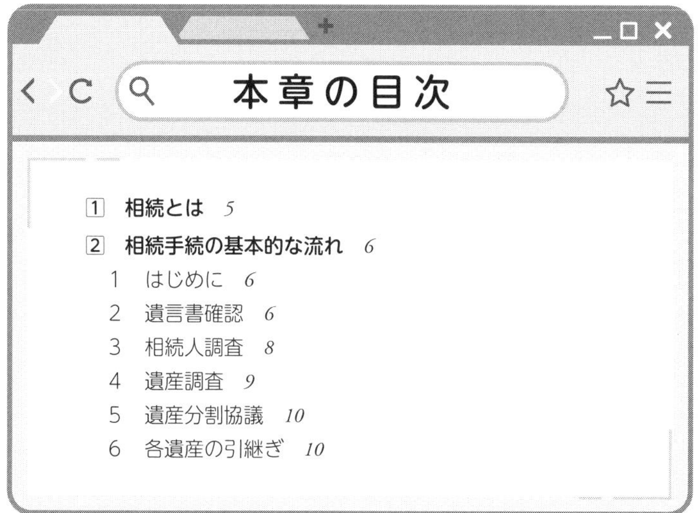

本章の目次

解　説

1 相続とは

相続とは、「故人[1)]の一切の財産（プラスもマイナス[2)]も含む。）を、その親族が承継すること」をいいます。

なお、相続については、家庭裁判所へ所定の手続を経て、相

1） 民法上、相続される人（遺産を残して亡くなった人）を「被相続人」といいます。ただ、一般的には、「相続人」「被相続人」の区別がつきにくく、「分かりにくい」と敬遠されてしまうケースも多いため、**本書では、あえて「被相続人」という表現を避け、「故人」という表記を採用しています。**

2） マイナスの財産として、負債（いわゆる借金）や連帯保証債務等が挙げられます。

続放棄すること（故人の一切の財産を承継しないこと）も可能です。

2 相続手続の基本的な流れ

1 はじめに

相続手続は、以下のとおり、①遺産の取り分を決める手続（相続人の間の手続）と、②各遺産を引き継ぐ手続（相続人外の手続）の２つの段階に分けることが可能です。

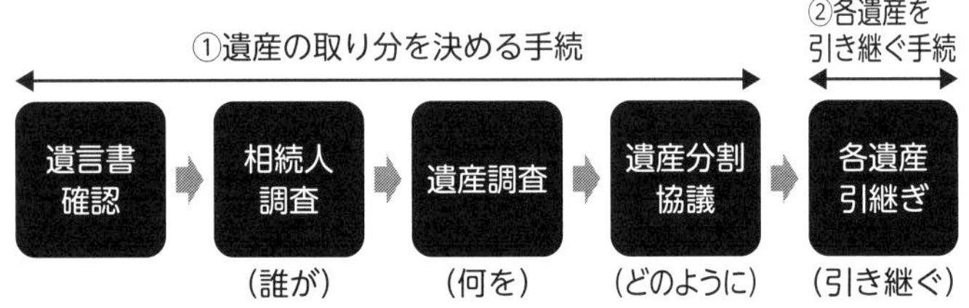

2 遺言書確認

まず、故人の遺言書の有無を確認します。故人の遺言書が存在する場合には、遺産調査や遺産分割協議が不要となる等、相続手続に大きな影響があるためです。

遺言書の有無については、居宅（部屋）内や金融機関の貸金庫等を調査する形が一般的です。なお、故人が、自筆証書遺言書保管制度や公正証書遺言を利用している場合（右掲のコラムを参照）には、法務局や公証役場へ問い合わせをすることにより、遺言書の存在や内容を確認することも可能です。

COLUMN 

遺言書の種類について

一般的に利用される遺言書の種類は、以下の２つです[3]。

① 自筆証書遺言

遺言者が、遺言書の全文、日付及び氏名を自書し、押印した遺言となります。近年、法改正があり、遺言書の相続財産の目録については、一定の要件の下で、自書することを要しないものとされました。

法的な要件を満たさない場合には無効となり、そのほか紛失・改ざん等のリスクもあるなど、注意が必要です。

② 公正証書遺言

一定の手続を経て、公証人に作成してもらう遺言となります。別途手数料が発生しますが、専門家である公証人が作成してくれるとともに、公証役場でも遺言書を保管してくれます。

COLUMN 

自筆証書遺言書保管制度について

自筆証書遺言における紛失・改ざん等による相続紛争を防止するという観点から、2020年７月より、所定の手続を経て、法務局において自筆証書遺言を保管する制度が開始されました。遺言者の死後、相続人は、法務局に対し、遺言書の有無や内容等を確認することができます。

3）「秘密証書遺言」という方法もありますが、ほとんど利用されていないため、本書では割愛します。

COLUMN 

デジタル遺言の可能性

米国では法的拘束力のある遺言書をテキストデータで作成し、デジタルで保管しておける「統一電子遺言書法(e遺書法)」が2019年7月に承認され、ユタ州やコロラド州など複数の州が制定しています。また、韓国では以前から録音証書遺言が認められており、スマホで法的に有効な遺言を残す行為も珍しくありません。

日本国内ではまだデジタル遺言は存在しませんが、インターネットで遺言書を作成、保管できる制度の検討は始まっています。

3 相続人調査

故人の遺産を相続する権利のある親族を、「相続人」といいます。

原則として、以下の親族が「相続人」となります。故人の配偶者は常に相続人となりますが、配偶者以外の親族については、相続人となる順位が民法で定められており、先順位の親族がいない場合に初めて、後順位の親族が相続人となります[4)]。

▶常に相続人となる親族	**配偶者**
▶配偶者以外で相続人となる親族	第1順位　**子** 第2順位　**直系尊属（親など）** 第3順位　**兄弟姉妹**

4）　1人も子も孫もいなければ、故人の直系尊属（親）が、その上で直系尊属も全員亡くなっていれば、故人の兄弟姉妹が、故人の相続人となります。

相続人調査とは、前記のような相続人の有無を調査することをいいます。具体的には、故人の出生から死亡までの戸籍謄本をすべて取り寄せ、故人の「配偶者」「子」「直系尊属」や「兄弟姉妹」の有無を調べることとなります。

なお、後述の「6　各遺産の引継ぎ」手続において、相続人調査の結果として、故人の出生から死亡までの戸籍謄本一式の提出を要求されるケースが多く、相続人の有無に争いがなくても、相続人調査は必須となります。

4 遺産調査

相続手続において、遺産（相続財産）の内容を調査し、その範囲を確定する必要があります。

相続手続の当事者である相続人が、遺品整理等により故人の財産状況の調査を行い、財産状況を明らかにすることとなります。

相続の対象とはならないものもある

民法上、「被相続人（故人）の財産に属した一切の権利義務」が相続の対象となるものと規定されており、原則として、故人に属した、あらゆる権利義務が、相続人に承継されることとなります。

しかし、例外として、「（故人の）一身に専属したもの」については、承継の対象とはならない点に注意が必要です（24頁）。

5 遺産分割協議

遺産分割協議とは、故人の遺産を、相続人の間でどのように分割するのかを協議して決定することをいいます。

遺産分割協議については、法定相続分（右掲のコラム参照）で分割しなければならないと誤解されているケースもありますが、基本的には、相続人全員の合意があれば、どのような方法でも分割が可能です。

現に、父親が亡くなった場合の相続において、子は遺産を受け取らず、配偶者である母親が遺産をすべて相続するケースも多くみられます。

6 各遺産の引継ぎ

以上のような、「遺産の取り分を決める手続」を経て、各相続人が、相続により得た遺産の引継ぎを実際に行うこととなります。

故人の所持品であれば、相続人の間でこれらの引渡しを行うことにより「遺産の引継ぎ」は完了します。

しかし、故人の預貯金や有価証券（投資）等については、金融機関が管理しており、金融機関での手続等を行わなければ、各相続人は、遺産の引継ぎを行うことができません。

このように、第三者が管理している遺産等については、別途、第三者との間において、引継ぎの手続が必要となります。

COLUMN

法定相続分とは

法定相続分とは、各相続人が取得できるものと民法上定められている（民法900条）、相続財産全体に対する割合であり、その割合については、以下のとおり規定されています。

子と配偶者が相続人の場合	：子の相続分	2分の1
	配偶者の相続分	2分の1
配偶者と直系尊属が相続人の場合	：配偶者の相続分	3分の2
	直系尊属の相続分	3分の1
配偶者と兄弟姉妹が相続人の場合	：配偶者の相続分	4分の3
	兄弟姉妹の相続分	4分の1

なお、子、親や祖父母などの直系尊属、兄弟姉妹が2人以上の場合、各自の相続分（割合）は相等しいものとされているため、上記の相続分（割合）を頭数で等分することとなります。

（具体例①）配偶者と子3人が相続人の場合

子の相続分2分の1を子3人で等分することとなるので、以下のような相続分となります。

配偶者の相続分：　2分の1
子A　の相続分：　6分の1
子B　の相続分：　6分の1
子C　の相続分：　6分の1

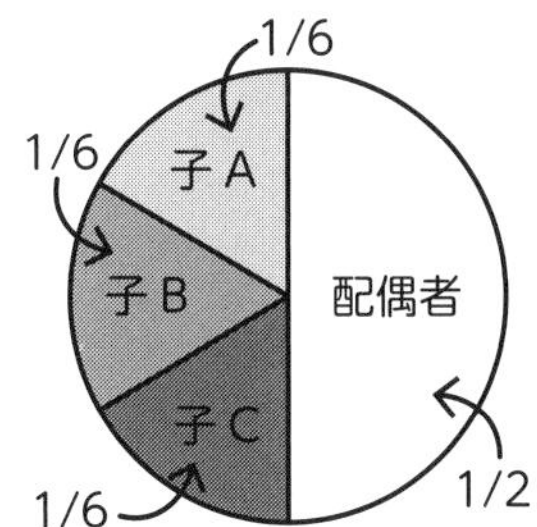

（具体例②）子3人だけが相続人の場合

子の相続分は、それぞれ3分の1となります。

総論 02

デジタル遺品ってなに？

ところで、最近よく耳にする
「デジタル遺品」とは、一体何なんですか？

デジタル遺品について、
法的な定義はないのですが、一般的には、
「パソコンやスマホ等のデジタル機器に
保存されたデータやインターネットサービスの
アカウント[1)]等」を指すものとされていますね。
端的に言ってしまえば、
IT化によりもたらされた新しい遺品のカタチ
といえるかもしれません。

う～ん、分かるようで分からないな。

デジタル遺品には、２つのまったく異なる
性質のものが含まれるため、
分解してみると分かりやすいかと思います。

1）　インターネットサービスのアカウントとは、一般に、インターネットサービスのユーザーが、インターネット上で、各種サービスを受けることができる権利等を指します。分かりにくければ、「契約」と読み替えてもよいでしょう。

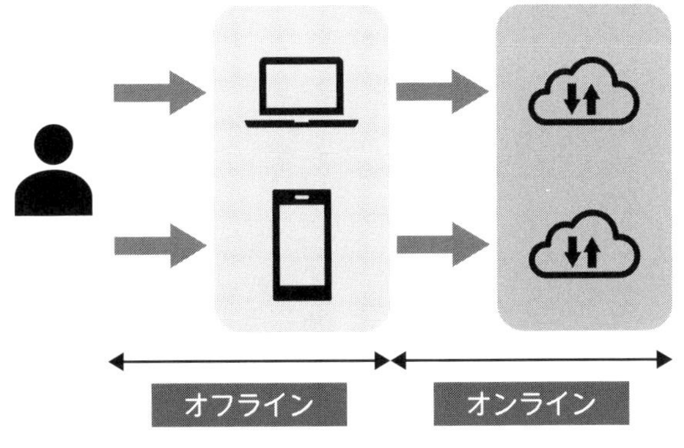

上の図を見てください。
まず、デジタル機器を使う上で、
インターネットにつながっているかどうか
というのは大きな分岐点となります。

オフライン・オンラインという部分ですね。

はい、オフラインの場合は、
自分以外の第三者は出てきません。一方で、
オンラインの場合は、インターネット回線を
通じて外部の世界とつながるため、
自分以外の第三者が出てくることとなります。

なるほど、
このオフラインとオンラインという区分けで、
まったく異なる性質になるということですね。

そのとおりです。
「オフラインのデジタル遺品」の具体例としては、パソコンやスマホ等のデジタル機器に保存されたデータ等が挙げられます。

インターネットにつながっていなくても、アクセスすることができるデータということですね。

次に、「オンラインのデジタル遺品」の具体例としては、インターネットサービスのアカウント等が挙げられます。

オフラインとは違って、自分とは違う第三者が出てくるということですね。

一口にデジタル遺品といっても、
上記のようにオフラインかオンラインかでまったく性質が異なりますので注意が必要です。
後で説明するとおり、その処理の仕方もまったく異なってきますので。

ところで、デジタル遺品にパソコンやスマホ等といったデジタル機器は含まれないのですか？

デジタル機器は、カメラ等の他の機器と同様に処理ができるため、あえてデジタル遺品として処理する必要性に乏しいといえます。
そのため、デジタル遺品には含まれないものと考えます。もちろん、デジタル遺品を語る上で、デジタル機器は欠かせないので、含めて議論しても構わないとは思います。

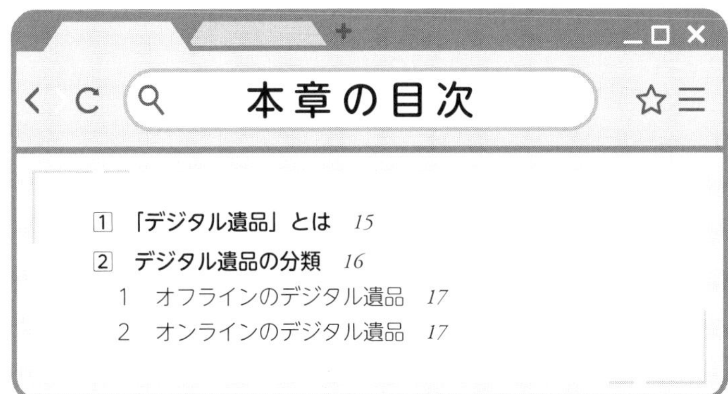

本章の目次

解　説

1 「デジタル遺品」とは

デジタル遺品については、現在、法律上の定義条項もなく、様々な解釈が可能です。

本書では、デジタル遺品を「パソコンやスマホ等のデジタル機器に保存されたデータやインターネットサービスのアカウント等」という形で定義したいと思います。

COLUMN

デジタル遺産？　デジタル遺品？

「遺産」と「遺品」の違いについては、一般的には、金銭的な価値の違いとされています。例外はありますが、金銭的な価値が高いものが「遺産」で、低いものが「遺品」という整理をすることができるといえます。

「デジタル遺品」について、「デジタル遺産」という表現が使用されることも多いですが、**本書では、金銭的な価値よりもその他の価値（感情的な価値等）に重きが置かれる傾向に照らし、「デジタル遺品」という名称を使用しています。**

2 デジタル遺品の分類

デジタル遺品については、その性質上、下記のとおり、大きく2種類に分類することが可能です[2)]。

	オフラインのデジタル遺品	オンラインのデジタル遺品
内　容	インターネットにつながっていない状況（オフライン）を前提としたデジタル遺品	インターネットにつながった状況（オンライン）を前提としたデジタル遺品
本　質	デジタルデータ	契約
具体例	パソコンやスマホ上に保存されたデジタルデータ等 ・写真データ ・文書ファイル ・インストール済みのアプリ ・閲覧履歴　等	インターネットサービスのアカウント等 ・ネット銀行やネット証券等のアカウント ・SNSのアカウント ・クラウドサービスのアカウント　等
他者の存在	第三者の存在を前提としない	サービス提供者を前提とする

2）　上記分類はあくまで便宜上の分類であり、厳格に分類すること自体に大きな意味はありません。両方の性質を併せもつデジタル遺品も存在します。

1 オフラインのデジタル遺品

オフラインのデジタル遺品とは、「オフライン」という言葉が指すとおり、インターネット環境に関係なく把握または処理することが可能なデジタル遺品です。

オフラインのデジタル遺品の本質は、デジタルデータとなります。具体例としては、パソコンやスマホに保存している写真や文書のデジタルデータ等が挙げられます。

第三者の存在を前提としないため、基本的には相続人の間で処理をすることとなります（22頁参照）。

2 オンラインのデジタル遺品

オンラインのデジタル遺品とは、「オンライン」という言葉が指すとおり、インターネット環境を前提として把握または処理することが可能なデジタル遺品です。

オンラインのデジタル遺品の本質は、契約（アカウント）となります。具体例としては、ネット証券やSNS（エスエヌエス）（ソーシャルネットワーキングサービス）のようなインターネットサービスのアカウント等が挙げられます。

サービス提供者の存在を前提とするため、基本的には相続人の間だけで処理することはできず、第三者であるサービス提供者との間で処理をしていく必要があります（24頁参照）。

総論 03

デジタル遺品の相続処理

天国から……

デジタル遺品の相続については、
以下の２点について問題となります。
① 相続できるか？
② どう引継ぎを行うか？

え？ 相続できないこともあるんですか？

はい、実は、先ほどのオフラインのデジタル遺品も、オンラインのデジタル遺品も、相続の対象となるかどうかが問題となります。

遺品なのに相続できないなんて……。

まず、オフラインのデジタル遺品ですが……実は、パソコンやスマホに保存されているデータについては、所有権が認められず、所有権を相続することができません。

えええ～自分が作ったものなのに？

はい、実体のないデータは、民法という法律上の所有権の対象とはならないとされています。

データの所有権が認められないとなると、
遺族は、故人のデータを
処理することはできないんですか？

いえ、デジタル機器の所有権を相続した
相続人は、各デジタル機器内のデータを
自由に処分することができるため、
故人のデータの処理自体は可能と考えられます。

データとは関係なく、パソコンやスマホ自体を、
「物」として形見分けみたいにして
分ける形になるんですね。

一方で、オンラインのデジタル遺品についてですが、こちらも相続の対象となる遺産に含まれない可能性があります。

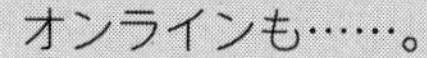

ただ、オフラインのデジタル遺品とは異なり、
相続が認められるものもあります。
一身専属の性質をもつかどうかで、
相続の可否が決まります。

イッシンセンゾク？　何ですか、それは？

一人の身に専(もっぱ)ら属すると書いて、一身専属(イッシンセンゾク)ですね。
要するに、「契約した人しか使えない
（ので相続対象とはならない）性質」です。
一身専属の性質をもつものであれば、
契約者である故人しか使えないため、
相続の対象とはなりません。
逆に、一身専属の性質をもたないのであれば、
相続の対象となります。

要は、相続が認められていない性質のものということですね。

インターネットサービスにおいては、この一身専属の性質をもつものが多いのが実情です。

へぇ……でも、一身専属の性質をもつかどうかというのは、どうやって分かるんですか？

はい、各サービスの利用規約に明記されているケースもありますので、まずは利用規約をちゃんと確認する必要があります。

利用規約……誰も見ていないやつですね。

ただ、利用規約にも明記されていないケースがあるので注意が必要です。利用規約に一身専属性の有無が明記されていなくても、利用者の死亡により、利用が止められてしまう、という可能性はあります。

それはひどいですね……。
対処法はあるんですか？

実際に起こってからでは、泣き寝入りとなるケースが多いと思います。万が一の際も引き継いで使わなければならないサービスについては、利用規約を確認するとともに、運営会社に個別に連絡する等、その処理方法を確認しておく必要がありますね。

いやはや……大変な世の中になったもんだ……。
息子は大丈夫かな。

本章の目次

解　説

[1] デジタル遺品の相続のポイント

デジタル遺品の相続のポイントは、以下の2点です。

① 相続できるか？
② どう引継ぎを行うか？

1 相続できるか？

原則として、故人の財産に属した一切の権利義務が相続の対象となります。一方で、例外的に、「(故人の) 一身に専属したもの」については、相続の対象とはなりません。

デジタル遺品については、その性質等から、故人の相続の対象に含まれない場合があります。

そのため、各デジタル遺品が相続の対象となるかどうかを、それぞれ検討する必要があります。

2 どう引継ぎを行うか？

前記1で、デジタル遺品の相続が認められる場合、相続人が、故人のデジタル遺品をどのように引き継ぐのか、その方法が問題となります。

そのため、引継ぎ方法についても合わせて検討する必要があります。なお、具体的な引継ぎ方法については、各論にて解説します。

2 オフラインのデジタル遺品の相続について

1 オフラインのデジタル遺品は、相続できるか？

オフラインのデジタル遺品に対する所有権は認められず、所有権自体を相続することはできません[1)]。

一方、オフラインのデジタル遺品に対する知的財産権（特に、著作権）については、相続の対象となりますので、相続することは可能です[2)]。

1） 所有権の対象は「有体物（空間の一部を占める有形的存在であるもの）」に限定されているところ、オフラインのデジタル遺品の本質は、データ（無体物）であるため、所有権の対象とはなりません（東京地裁判決平成27年8月5日）。なお、有体物の定義解釈を修正して、有体物の範囲を広げるべきとする学説もあります。

2） ただし、著作物（著作権法2条1項1号）「思想又は感情を創作的に表現したものであつて、文芸、学術、美術又は音楽の範囲に属するものをいう。」に該当するオフラインのデジタル遺品に限ります。

2 オフラインのデジタル遺品は、どう引継ぎを行うか？

オフラインのデジタル遺品は、パソコンやスマホといったデジタル機器内の記録装置部分に保存されていることから、各デジタル機器自体の所有権の相続を通じて[3)]、各デジタル機器内に保存されているデータを引き継ぐことは可能と考えられます。

つまり、パソコンやスマホといったデジタル機器の所有権を相続した相続人が、その機器内に保存されているデータを引き継ぐことができることとなります。

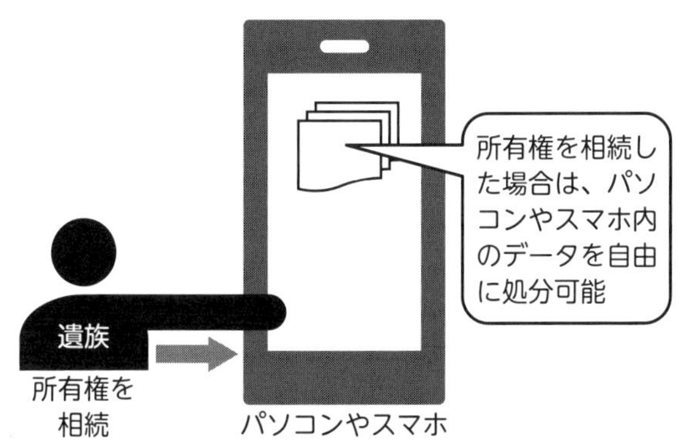

COLUMN

そのデータを引き渡せ！　は、認められない

上記のとおり、オフラインのデジタル遺品（データ）に対する所有権を相続することができるわけではないので、ある相続人が

3） デジタル機器については有体物であることから、所有権の対象となり、相続することが可能です。

別の相続人等に対して、「相続したデータの所有権に基づき、データを引き渡せ」と主張することはできません。

また、オフラインのデジタル遺品に対する著作権を相続することはできますが、著作権に基づいて「データを引き渡せ」と主張することも難しいとされています。

以上のとおり、法律上の権利に基づき、相続人を含む第三者に対し、オフラインのデジタル遺品の引継ぎ（引渡し）を要求することは難しいと言わざるを得ません。

故人のデータ等で、どうしても欲しいオフラインのデジタル遺品がある場合、遺産分割協議において、そのデータ等が保存されているデジタル機器を相続するか、データ等の共有を条件に、別の相続人によるデジタル機器の相続を認める形にされるとよいでしょう。

3 オンラインのデジタル遺品の相続について

1 オンラインのデジタル遺品は、相続できるか？

(1) 一身専属性について

オンラインのデジタル遺品の中には、「（故人の）一身に専属したもの」（以下、「一身専属性」といいます。）に該当し、相続できないものもあります。

一身専属性とは、「権利または義務が、個人に専属し、第三者（相続人含む。）に移転しない性質」をいい、相続の対象とはならない性質のことをいいます[4]。

4） 一身専属性の具体例としては、雇用契約に基づく労務提供義務等が挙げられます。

そのため、故人のオンラインのデジタル遺品を相続できるかどうかは、一身専属性を有するかどうかを確認する必要があります。

(2) 一身専属性の有無の確認方法

オンラインのデジタル遺品が、一身専属性を有するかどうかは、以下の方法により確認をすることができます。

① インターネットサービスの利用規約を確認する

利用規約上、「本サービスのアカウントは、お客様に一身専属的に帰属します」等という記載があれば、そのアカウントは、一身専属性を有するものと評価することができます。

また、一身専属の文言がなくても、利用規約の解約条項に「会員の死亡」が盛り込まれている場合は同等のスタンスをとるケースが多く見られます。

② サービス提供者に確認する

利用規約で言及がなくても、サポートページのQ&Aや「よくあるご質問」(FAQ) 等で、相続の有無や死亡時の手続について記載がある場合もあります。どこにも言及がない場合は、サービス提供者に連絡の上、個別に確認するとよいでしょう。利用規約上に一身専属性に関する規定がない場合でも、サービス提供者側において、アカウントが一身専属性を有することを前提とする対応がなされる可能性があるためです[5)]。

5) ケースによっては、オンラインのデジタル遺品の一身専属性の有無につき、争う余地はありますが、諸々の費用等が原因で泣き寝入りとなってしまう場合も多いといえます。

2 オンラインのデジタル遺品は、どう引継ぎを行うか？

インターネットサービスのアカウント（オンラインのデジタル遺品）の引継ぎについては、基本的には、各サービス提供者の規定等に従って行う必要があります。

具体的な引継ぎ方法については、各論の「しまいかた」のパートをご参照ください。

COLUMN 

成年後見制度を利用する際の注意点

昨今のインターネットサービスの利用規約においては、会員（ユーザー）が、「後見開始の審判を受けたとき」に会員資格を喪失する等の規定がなされているケースがみられるようになりました。

そのため、成年後見制度を利用する際には、本人（成年被後見人）が利用しているサービス等において、上記のような規定が存在しないことを確認する必要があります。

なお、消費者契約法上、「事業者に対し、消費者が後見開始……の審判を受けたことのみを理由とする解除権を付与する消費者契約……の条項は、無効とする。」（消費者契約法８条の３）と規定されており、事案によっては、会員資格の喪失等について争うことも可能と思われます。

死後事務委任契約を利用する際の注意点

昨今の死後事務委任契約（サービス）においては、SNSやその他インターネットサービスのアカウント（いわゆるオンラインのデジタル遺品）の処理を謳うケースも増えてきました。

オンラインのデジタル遺品の処理（サービスの解約やアカウントの削除等）を、死後事務委任契約にて対応してもらう場合の注意点は、以下のとおりです[6)]。

① サービスによっては、第三者による解約等に応じてもらえない可能性があること

2024年１月現在において、各種インターネットサービスの相続に関する統一的なルールは設けられておらず、ユーザー死亡時の対応についても各社バラバラな対応となっています。

そのため、サービスによっては、本人以外の第三者（相続人を含む。）からの解約等に応じないというケースもあり得ます。

自身が解約等を希望するサービスについて、万が一の際、デジタル遺品の処理を依頼した方が、本当に解約等の対応ができるのか、を契約前にしっかりと確認しておく必要があります。

② IDやパスワード等のアカウント情報の共有について

サービスの解約等に、IDやパスワード等のアカウント情報が必要とされる場合には、これらの情報を共有しておく必要があります。契約時の書面等にしっかり明記しておく方法も考えられま

6） オフラインのデジタル遺品の処理については198頁参照

すが、契約後にパスワード等が変更される可能性もあります。

パスワード等の変更時にどのように情報共有するか、については別途協議しておくとよいでしょう。最新の情報を書き込んだエンディングノートや「スマホのスペアキー」等（189頁）を活用する方法も考えられます[7]。

なお、サービスの解約等に、IDやパスワード等のアカウント情報が不要なケースもありますので、これらのアカウント情報の共有は最低限にとどめておくとよいでしょう（例えば、万が一の際のネット証券口座等の処理については、一般的な相続手続により対応することとなるため、IDやパスワード等のアカウント情報は不要です。）。

7） 三井住友銀行の「SMBCデジタルセーフティボックス」やデジタル金庫の「Digital Keeper」、パズルリングの「lastmessage」など、パスワード管理・伝達機能を備えたデジタルサービスもあり、これらを利用するのも有効な手段といえます。

各論

各論 01

デジタル機器を持っている場合

デジ郎が亡くなった日の夕方……

あー困ったわ……どうしよう。

母さん、どうしたの？

お父さんの葬儀をするから、
お父さんのお友だちに
連絡をしないといけないのだけど、
連絡先が分からなくて……。

スマホの電話帳を見れば一発じゃないの？

そうなんだけど……あなた、
お父さんのスマホのパスワード知ってる？

誕生日とか結婚記念日とかじゃないの？

それが、手あたり次第に入れてみたら、
何か画面がおかしくなっちゃって……。

え？　何回か入力間違えた？
スマホの中のデータが初期化されちゃうよ。

初期化ってなに？

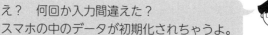

初期化も知らないの？
要するに、中のデータが消えるってことだよ。

えーっ！　そんなの困るわ。どうすればいいのよ。

データ復旧会社に持っていって、
データを取り出してもらうしかないんじゃない？
ただ、最低でも半年くらいかかるみたいだよ。

それじゃあ、葬儀には間に合わないわ……。はぁ、
どうやって亡くなったことを連絡すれば……。

とりあえず連絡取れる人から
連絡していくしかないんじゃない……？
あーパソコンの年賀状ソフトとかに
電話番号入っていないの？

なるほど……お父さん、
マメだったから入れているかもしれないわね。

ところで、パソコンの
ログインパスワードは分かるんだよね？

パソコンは、共有で使っているから、大丈夫。
遺影の写真も、パソコンの中にあるとよいのだけど……こんなんだったら、浮気調査するついでに、
スマホのパスワードも押さえておくべきだったわ。

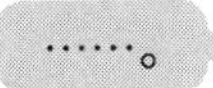

天国から……

そうか、オレは、死んじまったんだな……。

そうだ、お前はすでに死んでいる。

父さん！　なぜ、ここに!!

むしろ、お前が
こっちの世界に来たんじゃないか。

なるほど……って納得している場合ではないか。
父さん、デジ子にスマホのパスワードを伝えていなかったから、大変なことになっているよ。

お前みたいに、急に死んでしまったケースでは、
家族がパソコンやスマホを開けることができず、
苦労するケースが多いんだ。
ちなみに、スマホはプロでもロックが解除できないことが多くて、解除できても20万円以上かかることもザラらしいぞ。

えええ……そんなにお金がかかるとは！

さて……突然死んでしまったときに、
パソコンやスマホはどうすればよいと思う？

うーん、中身を見ずに燃やしてほしい、
むしろ燃やせ！

お前は、オレの息子だな。
確かに、あんなデータやこんなデータが……。
んなことは、どうでもいいんだ。確かに、
見られたくないデータもあるかもしれないが、
デジ子さんが困っているように、
むしろ残さなければならないデータも
あるんじゃないのか？

確かにそうだね、父さん……。

本章の目次

はじめに

2022年時点で携帯電話とスマホ（以下、両者をあわせて「スマホ等」と表します。）の世帯保有率は97.5%に達します[1]。パソコンも69.0%と高く、タブレット型端末も微増傾向が続いており5世帯に2世帯（40.0%）は所持している状況です。

また、年代別でインターネット利用端末の割合をみると、スマホの利用率は60代で73.7%、70代で46.9%、80歳以上で17.3%となっており、いずれも全機器でトップです。

人が亡くなるとき、これらのデジタル機器を保有していることはもはや珍しいことではなく、所持していて当たり前と考えておくべきでしょう。

デジタル機器については、前述したオフラインのデジタル遺品が保存されているのみならず、オンラインのデジタル遺品の有無を調べる重要な手がかりとなります。

それぞれのデジタル機器について、探しかた、しまいかた、残しかたを見ていきましょう。

5割の人は旧端末を自宅で保管している？

MMD研究所の調査によると、スマホ等を機種変更したあと、古い端末を自宅で保管する人の割合は52.4%となります。キャリアショップの下取りに出す（17.3%）や中古ショップに売る（7.1%）などの選択肢よりも圧倒的に多く、高年齢層ほど自宅所持の傾向が強まるようです[2]。

1） 総務省「令和4年通信利用動向調査」より https://www.soumu.go.jp/johotsusintokei/statistics/data/230529_1.pdf

2） MMD研究所「2022年中古スマホに関する調査」より https://mmdlabo.jp/investigation/detail_2066.html

つまり、亡くなった方が昔使っていたスマホ等を自宅に残している可能性はそれなりに高くあるのです。そうした旧端末に直近の情報が残されていることは残念ながら滅多にありませんが、昔から使っているアプリがログインできる状態で残されていたり、新機種に残されていない写真やメモが見つかったりすることもあります。また、バックアップの復元先にできる場合もあるので、安易に処分するのは避けた方がいいでしょう。

1 携帯電話・スマホを持っている場合

[1] 携帯電話・スマホの探しかた

スマホ等は肌身離さず持っていることが多く、亡くなる直前まで使っていた端末は、衣類、鞄(かばん)、本人の寝室や部屋、病室の私物入れなど、ごく身近なところに置かれていることがよくあります。

生前に解約しない限り、亡くなった後も通信契約は継続しているので、見つからない場合は電話をかけて着信音を探る等の手段も有効でしょう。

[2] 携帯電話・スマホのしまいかた

スマホ等には、オフラインのデジタル遺品(データ)が保存されているほか、後述のとおり、オンラインのデジタル遺品を探す手がかりとなるため、中身を確認する必要があります。

それらの処理が済んだ上で、各論03で後述する電話番号の解約手続（102頁）に進むことになるので、下記のような流れをイメージするといいでしょう。

ロック解除
中身の確認
処　分

1　携帯電話・スマホのロック解除

ロックがかかったスマホの対応チャート

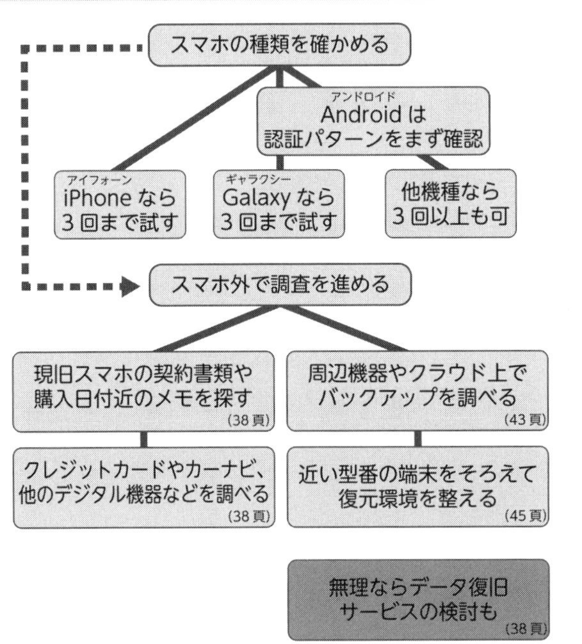
スマホの種類を確かめる
Android は
認証パターンをまず確認
iPhone なら
3 回まで試す
Galaxy なら
3 回まで試す
他機種なら
3 回以上も可
スマホ外で調査を進める
現旧スマホの契約書類や
購入日付近のメモを探す
(38 頁)
周辺機器やクラウド上で
バックアップを調べる
(43 頁)
クレジットカードやカーナビ、
他のデジタル機器などを調べる
(38 頁)
近い型番の端末をそろえて
復元環境を整える
(45 頁)
無理ならデータ復旧
サービスの検討も
(38 頁)

(1) スマホ等のロック解除について

故人のスマホ等に本人が設定したパスワード等によるロック[3]がかかっており、遺族がそのパスワードを知らないという場合には注意が必要です。

折りたたみ式の携帯電話なら、デジタル機器のデータ復旧サービスを頼るなどの手がありますが、スマホはセキュリティが非常に強力で、専門事業者であってもお手上げとなるケースが珍しくありません（詳しくは38頁のコラムを参照）。

iPhoneで、こんな画面が出たら要注意。闇雲にパスワードを入力することはやめて、確実なパスワードを探しましょう。

特に、iPhone（アイフォーン）は10回連続で入力ミスすると初期化する設定になっていることもあるので、闇雲にパスワードロックの解除を試みるのは大変危険です。故人のスマホがiPhoneの場合には、試しに2～3回程度パスワードを入力しても開けることができない場合には、いったん端末を離れて、後述の(2)のような方法

3） iPhoneでは「パスコード」、Androidでは「画面ロック」（パターン、PIN（ピン）、パスワード等のオプションが存在）という表現が正式であり、「パスワード」という表現は必ずしも正確ではありませんが、本書では、便宜上、スマホ等内にアクセスするために必要な暗証番号等を総じて、「（ログイン）パスワード」と表現しています。

で、パスワードを探す作業に集中するとよいでしょう。

なお、2024年１月時点で、Androidには前記のような初期化設定は標準では搭載されていません。ただし、サムスン電子のブランド「Galaxy」は15～20回連続で入力ミスすると工場出荷時の状態に戻す「自動初期化」機能を独自に備えています。

今後もブランドや機種ごとに類似の機能を採用する可能性もあるので、「Android端末だから」と闇雲にロック解除を試すことには、やはり慎重になった方がよいでしょう。

⑵　パスワードの探しかた

クレジットカードの暗証番号や車のカーナビの解除キーなどと同じ文字列を使っていた事例や、端末を購入した日の手帳や契約書類にメモ書きが残っていた事例も実際にあります。

そうした痕跡を一つ一つ調べてみるのが最も堅実な方法といえます。

ちなみに、指紋認証や顔認証に対応した端末であっても、文字列などでロックを解除する方法も必ず用意されているので、諦めることはありません。

COLUMN 

スマホのロック解除を頼めるサービスは？

スマホのロック解除を請け負うサービスは、かなり少ないのが現状で、データ復旧会社でもスマホは受け付けてくれないケースがほとんどです。

なお、通信キャリア（NTTドコモやau、ソフトバンクなど）やメーカーは端末の中身に関しては非対応が原則ですので、対応を期待することはできません。

スマホのデータ復旧を検討してくれる企業もありますが、それでも確実に解錠できる保証はなく、成功報酬は20万〜50万円かかることも。作業期間も半年〜1年がザラで、簡単な道のりとは言いがたいです。

COLUMN 

ロックのかかったスマホはFBIでも開けない!?

2015年12月、カルフォルニア州サンバーナーディーノの障害者支援福祉施設で2人のテロリストが銃乱射事件を起こしました。14人の命が犠牲になり、犯人は両名とも現場で射殺されています。

事件の背景に国際的なテロ組織とのつながりがあるとみた米連邦捜査局（FBI）は、犯人のうち1人が所持していたiPhoneの解析を試みました。ところがロックされたiPhoneには手が出せず、ほどなくして製造元であるApple（アップル）にロックを解除するソフトの提供を要請。しかし、Appleは他のユーザーのプライバシーを守る観点からこれを拒否します。

そこでFBIは翌月にAppleを相手どった米連邦裁判に踏み切ります。その事実がニュースで流れ、「FBIですら1台のiPhoneのロックが解除できない」という事実が世の中に知れ渡ることになりました。

2 携帯電話・スマホの中身の確認

⑴ スマホ等へログインできたとき

無事に、スマホ等へログインできた場合には、次のような形で、スマホ等の中身を調査しましょう。

① スマホのOS（オーエス）ごとの確認方法（一例として）

iPhone	Android

基本はすべてのアプリが画面に表示されるので、ページをめくって調べていくと効率的。ただし、アプリごとに非表示設定も選べる。	通常の画面でアプリをチェックできるが、端末により仕様が異なる。アプリ一覧画面を起動して調べていく方が効率的なケースが多い。

② 調査目的ごとの確認方法

財産関係	業務関係
•金融機関のアプリ •資産管理アプリ •キャッシュレス決済アプリ	•メールやチャット履歴 •電話帳・通話履歴 •業務系アプリ

交友関係	その他
•電話帳・通話履歴 •SNS系アプリ •メールやチャット履歴	•メールやチャット履歴 •写真 •その他アプリ

A　財産関係の調査

故人の相続財産の内容、金融取引や定額取引等を確認するという趣旨では、ネット銀行などの金融機関のアプリやネット証券等の資産管理アプリを探すとよいでしょう。近年では、QRコードやバーコードで決済できるキャッシュレス決済サービスも急速に普及しているので、そのようなアプリについても確認をする必要があります。

なお、メールやチャットの履歴を確認することで、取引金融機関やサブスクリプション（サブスク）サービスの有無について把握する手段もあります（142頁・105頁参照）。

B　業務関係の調査

故人の業務内容等を確認するという趣旨では、日頃の仕事のやり方をある程度掴（つか）んだ上で、メールやチャット履歴のほか、通話履歴、カレンダーやオンラインストレージ（インターネット上にあるデジタルデータの保管庫）といった業務系のアプリを確認するとよいでしょう。

C　交友関係の調査

時として、お世話になった人たちに訃報を伝えることも大切です。葬儀のお知らせも含め、必要がある場合は、電話帳、SNS（エスエヌエス）系アプリ、メールやチャットの履歴を確認するとよいでしょう。

D　その他

そのほか必要に応じて、スマホ等内を検索し、必要な情報を取得します。

故人のスマホ等を確認する際の注意点

故人のスマホ等を確認する際の注意点は、以下のとおりです。

①　他の相続人の合意を得ること

スマホ等は、相続手続における重要な情報源となります。

故人のスマホ等へログインする際には、必ず他の相続人の合意を得るようにしましょう。

スマホ等の対応一つで、勝手に情報を抜いた等と相続紛争に発展してしまうリスクもあるため、「たかがスマホ等へのログイン」と侮（あなど）ることなく、常に報告・連絡・相談を欠かさないようにしましょう。

②　オンライン状態で、アプリにログインしないこと

アプリの利用規約上、アカウントの一身専属性が規定されている場合、ユーザー（故人）の死後にアプリにログインすることで規約違反によるトラブルに発展する可能性があります。

オンライン（ネットにつながった）の状況でアプリにログインすることは控え、機内モード（通信や通話機能等を無効にするモード）等を利用するとよいでしょう。

③　**必要最低限の確認にとどめること**

故人の尊厳という観点から、スマホ等内の確認については必要最低限にとどめるとよいでしょう。

⑵　スマホ等へログインできなかったとき

①　バックアップデータに頼る

スマホは、標準設定で自動バックアップをとる仕組みになっているので、端末が開けなくても外部に亡くなる直前までのデータのコピーが残されているケースがあります。

そのため、パスワードロックの解除が難しい場合は、インターネットやパソコン、microSD（マイクロエスディ）カードなどの中からバックアップデータを探す次善策に移るのが得策です。なお、その際も端末はそのままの状態で大切に保管しておきましょう。

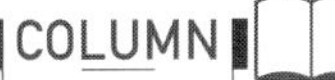

バックアップ先について

バックアップ先は機種や持ち主の設定によって異なりますが、大まかに挙げると下記のようになります。

①　クラウドサービス（インターネット上）

②　一緒に使っているパソコン

③　microSDカード、外付けハードディスク（HDD（エイチディディ））などの周辺機器

②　iPhoneの場合

iPhoneの場合、クラウドバックアップならiCloud（アイクラウド）が使われる

のが一般的です。無料なら上限が5GBになるので必要最低限のデータしか残りませんが、最大12TB（およそ1万2288GB）まで使える有料版の「iCloud+」も提供しており、全データをクラウドにバックアップしている人も少なくありません。

パソコンを一緒に使っている場合は、パソコンのiTunesバックアップ（Windowsの場合）やFinderバックアップ（Macの場合）にバックアップを残している可能性も高いといえます。

なお、いずれもアクセスするにはApple IDとApple IDパスワードが必要になります。Apple IDは持ち主が普段使っているメールアドレスが設定されていることが多いので見当がつけやすいですが、パスワードは難解です。ただし、Apple IDは引継ぎ可能なので、Appleのサポートに相談してみるのも一つの手といえます。

③　Androidの場合

AndroidはGoogleアカウントに自動でバックアップされますが、無料版は15GBまでとなるのでやはり必要最低限しか保存されません。有料のバックアップ[4]を利用している可能性もあるため、バックアップアプリやクラウドツールの有無を確認するとよいでしょう。

また、Android端末は本体にmicroSDカードを挿している場合が多く、カードを別の端末に差し替えて中身を確認するという手が使えることもあります。

4）「Helium」や「JSバックアップ」等といったバックアップアプリや「Dropbox」「box」などのクラウドツールを利用しているケースもあります。

COLUMN 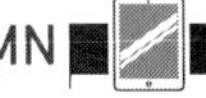

バックアップデータの復元

バックアップデータは、スマホに「復元」しないと確認できない場合があります。

復元する際は、同一型番の端末を別途調達するほか、自宅等に残された旧端末を利用するとよいでしょう。

元々の端末のすべてのデータがバックアップされているケースはそれほど多くはなく、また過去のバックアップ日と現在までの「差分」は生じてしまうため、完全なデータが保存されている元々の端末は、いざというときのため、残しておく方が安全です。

3 携帯電話・スマホの処分

スマホ等を処分する際は、①小型家電リサイクル法[5]によりお住まいの市区町村が指定する専門業者に回収してもらう方法、②キャリアショップに持ち込んで処分してもらう方法、③中古スマホショップに売りに出す方法などがあります。

スマホ等を処分する際は、情報漏洩に注意が必要です。必要な情報は抜いたからといって、スマホ等をそのまま捨てることはせず、工場出荷時の状態に戻して、microSDカードは別途物理破壊するなどの処置を徹底しましょう。下取りに出す場合も、データ処理の方法をしっかりと確認すべきです。

5） 正式な法律名称は、「使用済小型電子機器等の再資源化の促進に関する法律」です。

COLUMN 

相続放棄を予定している場合（携帯電話・スマホ編）

様々な事情で、故人の相続に関し、相続放棄（故人の相続財産の引継ぎをすべて拒否すること）を予定している場合、スマホ等を処分してしまうと、相続放棄ができなくなってしまう可能性があるため注意が必要です[6)]。

なお、データ復旧会社によるスマホ等のパスワードロック解除（データ復旧）についても、解除（復旧）方法によっては、相続放棄ができなくなってしまう可能性があるといえるため[7)]、注意が必要です。

また、後述の各論03の通信通話契約についても、基本的には手続対応しない（何もしない）方が無難といえます。

COLUMN 

マイナンバーの機能を組み込んでいる場合

Androidの一部には、マイナンバーカードの電子証明書機能が実装できる端末があります。これを有効にすると、マイナンバー

6）スマホ等も、「相続財産」の一部となりますので、その処分は、民法921条１号における「相続人が相続財産の全部又は一部を処分したとき」に該当し、単純承認（相続人が、無限に故人の権利義務を承継すること）したものとみなされ、相続放棄が認められない可能性があります。

7）データ復旧の方法がスマホ等の破壊を前提とする場合、データ復旧行為自体が、スマホ等という「相続財産」の処分となり、前掲脚注６）と同様、単純承認したものとみなされ、相続放棄が認められない可能性があります。

カードのICチップに格納されている証明機能の一部がスマホでも使えるようになり、マイナポータルでの子育て支援や確定申告の申請をする際にスマホ単体で身分証明が済みます。

便利な機能ではありますが、電子証明書機能を実装したままのスマホは処分に注意が必要です。電子証明書の情報はスマホの通常のデータ保管庫（SSD[8]）ではなく、専用チップ（FeliCa-SEチップ）に格納されているので、通常の初期化処理では削除できません。

このため、本人としてマイナポータルにログインして「スマホ用電子証明書の失効」手続を申請する必要があります。しかし、そのためにはスマホにログインする必要があり、状況によってはお手上げになってしまいます。中古買い取りなどの処分方法が選べなくなる可能性がある点は覚えておいてください。

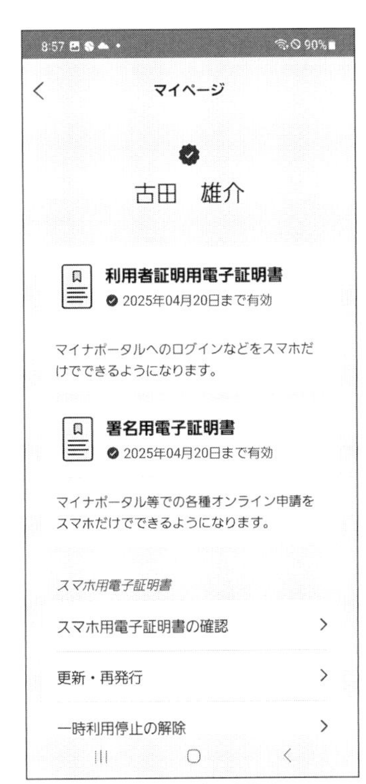

スマホ用電子証明書の画面

8）SSDは「ソリッド・ステート・ドライブ」というデジタルデータ保管装置を指します。ハードディスクよりも高速で、コンパクトに収まるのが特徴です。スマホはハードディスクではなくSSDを採用しており、パソコンの内蔵用としても普及しています。

3 携帯電話・スマホの残しかた

通話端末、とりわけスマホが開けない（ロックの解除ができない）と、遺族はとても苦労します。

それを避ける最も効果的な方法は、ログインパスワードの共有です。いざというときにパスワードが家族に伝わり、スマホの中身を調べられるように整えておく。それだけで遺族の負担は大幅に削減できるでしょう。

普段から家族にパスワードを伝えておくのが最も確実で手軽ですが、生前には知られたくないという場合には、パスワードを紙に書いて預金通帳や保険契約証などの重要書類と一緒に保管しておくのがよいでしょう。パスワード部分に修正テープを2～3回走らせてマスキングしておけば、情報漏洩の防止に効果があります（「スマホのスペアキー」189頁参照）。

万が一の際に、確実に家族が目にする書類と一緒に保管しておくことで、死後に発見される可能性が高まります。

2 パソコンを持っている場合

1 パソコンの探しかた

1 据え置き型のパソコン

大型のノートパソコンやデスクトップパソコンは自室やリビングなどに据え置かれていることが多く、発見は比較的容易です。パソコン本体とともに、外付けハードディスク（HDD）や外付けSSD、USB（ユーエスビー）メモリを持っていることが多いので、一緒に調査対象として保管しておきましょう。２台目や３台目のパソコンが見つかることもあります。

2 モバイル型のパソコン

軽くて小型なモバイルノートパソコンは、自宅内でも置き場所は人それぞれで、ビジネスバッグに入れたままにしていることもあります。なお、充電するためのAC（エーシー）アダプターなどが部屋に残っていることが多いので、本体が見つからなくてもその存在に注意しましょう。

職場のパソコンは取扱注意

職場から貸与（支給）されたパソコンの所有者は、通常、勤務先の会社となります。いったん、ACアダプターなどの付属品も含めて保管し、速やかに勤務先に相談するとよいでしょう。

2 パソコンのしまいかた

パソコンには、オフラインのデジタル遺品（データ）が保存されているほか、後述のとおり、オンラインのデジタル遺品を探す手がかりとなるため、中身を確認する必要があります。

そのため、スマホ等と同様に以下のような流れで処理するとよいでしょう。

1 パソコンのロック解除

パスワードロックがかかったパソコンの対応チャート

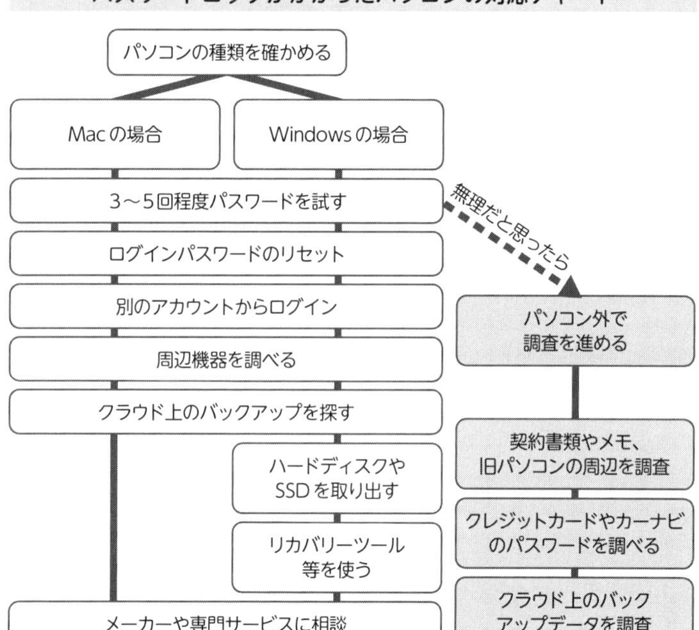

(1) パスワードロックの自力解除

故人のパソコンにパスワードロックがかかっており、遺族がそのパスワードを知らないという場合には注意が必要です。

パソコンのパスワードも連続で入力ミスするのは避けるのが無難です。Windows 11は10回連続でミスすると10分間操作できなくなるペナルティが標準で設定されています。また、Macは10回の連続ミスで入力不可となり、さらに繰り返すと復元不可能な状態に陥る危険があります。

３～５回入力してうまくいかない場合は、クレジットカードの暗証番号やカーナビの解除キー、パソコン購入日の手帳のメモ等からパスワードを探し、厳選した上で入力するのがよいでしょう。

⑵ パスワードロックの自力解除以外の方法

まず、ログインパスワードのリセットや別アカウントからのログイン等により、パソコンへログインする方法が挙げられます。

一方で、パソコンを離れて、外付けハードディスクやUSBメモリ等の外部記録媒体やクラウドサービス等へバックアップデータを探すという方法もあります。なお、2台目以降のパソコンにバックアップデータを残していることも多いので、そちらに照準を絞るのも一つの手です。

また、Windowsであれば、リカバリーディスクなどを使ってメンテナンスモードから起動させる、本体から物理的にハードディスクやSSDを取り出して、別のパソコンに接続する[9)]等の対応も考えられます。

外部のパソコン修理サービスに相談する手もあります。スマホと異なり、パソコンのロック解除に対応してくれるサービスは全国に多数あります。

COLUMN 

パソコンに詳しい親族

パスワード入力でのロック解除で開けない場合、パソコンに詳

9） メーカー保証が受けられなくなるので、相続人全員の同意を取り付けた上で、自己責任で処理することとなります。

しい遺族がいれば頼りになるでしょう。ただし、丸投げしてしまうと、作業の過程で故障させたり誤ってデータを消去したりした際は争いに発展する危険があります。

作業は詳しい人に任せつつも、作業の大まかな内容や責任は相続人全員で共有する意識が大切です。

2 パソコンの中身の確認

(1) オフラインのデジタル遺品の確認方法
(2) オンラインのデジタル遺品の確認方法

(1) オフラインのデジタル遺品の確認方法

パソコンには基本ソフト（OS）別に大きく分けてWindowsとMacがありますが、いずれもデスクトップ画面にはファイルやフォルダー、アプリのアイコンなどが並んでいるはずです。ここから必要なファイルやアカウント情報を適宜探すことになります。

ファイルを探すなら、最初にデスクトップ画面（ログインして表示される標準の操作画面）を調べた上で、「（マイ）ドキュメント」（Windowsの場合）や「ファインダー」（Macの場合）などを開いて、納められているフォルダーを調べていったり、ファイル検索機能を使ってキーワード検索にかけたりするのがオーソドックスな手法といえます。

なお、パソコンは自由度の高い道具で、ファイルの管理方法等は一人ひとり異なるため、故人の“クセ”を意識して探すとよいでしょう。

⑵　オンラインのデジタル遺品の確認方法

メールならメールソフト、インターネット上のアカウント等ならGoogle Chrome（クローム）、Microsoft Edge（マイクロソフト エッジ）などのブラウザーのブックマーク「お気に入り」などや表示履歴をたどることとなります。

以下のような形で調査すると効率的でしょう。

財産関係の調査

- 銀行や証券会社サイトへのアクセスの確認
- 銀行や証券会社からの受信済みメールの確認
- 確定申告書類等のファイル等の有無の確認

業務関係の調査

- 直近の受信済みメールやチャットの履歴の確認
- 業務関係のファイル等の有無の確認
- 業務系サービス利用の有無の確認

交友関係の調査

- 直近の受信済みメールやチャットの履歴の確認
- SNSへのアクセスの有無の確認
- 年賀状ソフト等の確認

故人のパソコンを確認する際の注意点

故人のパソコンを確認する際の注意点は、以下のとおりです。

①　他の相続人の合意を得ること

スマホ等と同様、パソコンの確認の際は、相続トラブルを避けるため、ほかの相続人の合意を得るとよいでしょう。

②　パスワードを要求されるページに安易にログインしないこと

インターネットサービスの利用規約上、アカウントの一身専属性が規定されている場合、ユーザーの死後に遺族（という非契約者）がサービスを利用することで規約違反とみなされる可能性があります。

特にIDやパスワードの入力を求められるページへのログインを安易に行うのは避けた方がよいでしょう。

③　必要最低限の確認にとどめること

長年使いこなしている人のパソコンほど、自分流に設定を変更していたり、ファイル点数が膨大になっていたりします。他の遺品整理もある中ですべてを把握するのは現実的ではないかもしれません。

「家族写真だけ手に入れる」「不明な月額課金の正体だけ突き止める」、あるいは「直近でやりとりしていたメールを半日でたどれるだけたどる」など、優先順位やゴールを決めて、必要最低限の作業とすることをお勧めします。

3　パソコンの処分

パソコンを処分する際は、①小型家電リサイクル法によりお住まいの市区町村が指定する専門業者に回収してもらう方法と、②家電量販店の下取りに出す方法、③中古パソコンショップに売りに出す方法などがあります。

手放す際は工場出荷時の状態に戻すことが基本ですが、所定の初期化方法を実施しても、元のデータが復活するリスクはゼロにできません。徹底して情報漏洩を防ぐなら、ハードディスクやSSDを物理破壊した上でリサイクルに回すサービスを選ぶのが無難です。

相続放棄を予定している場合（パソコン編）

様々な事情で、故人の相続に関し、相続放棄（故人の相続財産の引継ぎをすべて拒否すること）を予定している場合、パソコンを処分してしまうと、相続放棄ができなくなってしまう可能性があるため注意が必要です[10)]。

なお、データ復旧会社によるパソコンのパスワードロック解除（データ復旧）についても、解除（復旧）方法によっては、相続放棄ができなくなってしまう可能性があるといえるため[11)]、注意が必要です。

神奈川県庁ハードディスク転売事件

廃棄したハードディスクから消したはずの顧客データなどの情報が流出してしまう――そんな最悪のケースが現実となった事例が2019年の暮れにありました。

神奈川県庁のコンピューターで使われていたハードディスクの

---

10) パソコンも「相続財産」の一部となりますので、その処分は、民法921条１号における「相続人が相続財産の全部又は一部を処分したとき」に該当し、単純承認（相続人が、無限に故人の権利義務を承継すること）したものとみなされ、相続放棄が認められない可能性があります。

11) データ復旧の方法がパソコンの破壊を前提とする場合、データ復旧行為自体が、パソコンという「相続財産」の処分となり、上記脚注10）と同様、単純承認したものとみなされ、相続放棄が認められない可能性があります。

うち少なくとも18台がそのまま転売されていた事件です。オークションサイトで中古のハードディスクを購入した男性が復元ソフトを使ったところ、神奈川県に関わる納税記録や公文書と思われるデータが見つかり、新聞社に情報提供したことで発覚しました。

原因は、県庁に機器をリースしている会社からハードディスクの廃棄処分を任されていた会社の社員が、廃棄したハードディスクをこっそりと横流ししたことにあると報道されています。

COLUMN 

パソコンを形見として残しておきたいときは？

中身の整理が済んだ後のパソコンを故人の形見として残しておくなら、必要な中身だけ外付けハードディスクや家族のパソコンにバックアップしておきましょう。

機械としてのパソコンはいずれ故障します。10年以上稼働することもありますが、ハードディスクの平均寿命は３～５年ともいわれ、実働する一生の形見として保持するのは難しい面があります。また、古いパソコンをインターネットにつなぐと、セキュリティ機能が追いつかずにウイルスなどに侵入されるリスクが高まります。

写真やメッセージなどの大切なデータは別物としてほかの場所で大切に管理し、パソコン本体はインターネットにつながずに保管しておく。そして、たまに起動してオフラインのまま様子を見るのがよいでしょう。

COLUMN 

外付けハードディスク等の外部記録媒体の処理について

パソコンを利用される方の中には、外付けハードディスク、SSDやUSBメモリ等の外部記憶媒体を何個も持っている方も多いようです。

遺品整理業者の方に話を伺（うかが）うと、遺品整理の作業の中で、こうした外部記録媒体が多数発見されることもよくあるようですが、中身を見ずに処分されることも多いようです。

確かに、こうした外部記録媒体に保存されたデータを一つ一つ確認していくのは骨の折れる作業ですが、何か重要な情報が保存されている可能性がないわけではないので、一度は（ざっとでよいので）中身を確認されるとよいでしょう。

3 パソコンの残しかた

スマホ等と同様、パソコンが開けないと、遺族はとても苦労します。

それを避ける最も効果的な方法は、ログインパスワードの共有です。いざというときにパスワードが家族に伝わり、パソコンの中身を調べられるように整えておく。それだけで遺族の負担は大幅に削減できるでしょう。

普段から家族にパスワードを伝えておくのが最も確実で手軽ですが、生前には知られたくないという場合には、パスワードを紙に書いて預金通帳や保険契約証などの重要書類と一緒に保管しておくのがよいでしょう。パソコンのパスワード伝達にも「スマホのスペアキー」（189頁参照）は役立つはずです。

万が一の際に、確実に家族が目にする書類と一緒に保管しておくことで、死後に発見される可能性が高まるためです。

なお、パソコンはスマホ等と異なり、フォルダーやファイル数が膨大となり、内部の調査が面倒となる傾向にあります。そのため、資産管理ファイル、家族写真や進行中の仕事のデータなど、万が一のときにアクセスできないと家族や周囲が困りそうなものは、デスクトップ画面にフォルダーを置いたり、特定のアプリで一括管理したりしてまとめておくのが鉄則です。

3 タブレットを持っている場合

1 タブレットの探しかた

タブレットは大きく分けて、7～9型画面の小型のものと、10型以上の画面を持つ大型のものがあります。

前者は電子書籍や動画を表示する端末として常備する人も多く、スマホに準じた場所で見つかることがよくあります。

後者はモバイルノートパソコンの代わりとして屋外で使われたり、仕事用端末として書斎に置かれたり、あるいは、動画やゲームを楽しむ端末としてリビングやバスルーム周りに置かれたりします。

鞄も含めて、家中に置き場所があると考えましょう。

2 タブレットのしまいかたと残しかた

タブレットのしまいかたや残しかたは次のコラムにあるように、使い道を見定めることから始まります。

スマホ代わりならスマホに準じて、パソコン代わりならパソコンに準じて調査することになります。例えばiPad（アイパッド）はiPhoneに準じるので、パスワードの連続入力はくれぐれも避けてください。

タブレットはタイプから使い道を見定める

タブレットは画面サイズや付属品、SIM（シム）カードの有無などから用途が見えてくるところがあります。

キーボードやペンがセットになっているなら、ノートパソコンとして使っていると見立てられます。SIMカードを挿して、単独でどこでもインターネットにつながるようにしているケースも珍しくありません。一方、自宅専用の場合はSIMカードを挿さないケースが多く、本体だけで使っているならスマホやパソコンの予備くらいの感覚で置いていたり、ゲームや動画再生などの専用機として使っていたりする可能性も考えられます。もちろん自宅等のWi-Fi（ワイファイ）環境を利用して、普段使いのインターネット端末にしていることもあるでしょう。

このように使われ方を意識して向き合うと、捜索の見当もつきやすくなります。

COLUMN

デジタル機器の主流はめまぐるしく変わる

本章の冒頭で参照した総務省の「令和４年通信利用動向調査」中のグラフを2010年から見ると、ここ10年強の間にスマホが急速に普及したことが分かります。また、腕時計のように身につけるスマートウォッチ（ウェアラブル端末）や家庭用ゲーム機などが伸びていることにも気づきます。一方で、パソコンは９割近くの水準から漸減を続けて７割弱となっていますが、それでも重要な位置にあることは変わりありません。

十年ひと昔といいますが、このようにデジタル機器のトレンドはめまぐるしく変わります。今から５年後や10年後には、想像だにしない機器が家庭内で主役になっているかもしれません。

ただ、それでも重要な遺品の本質は変わりません。各機器のロックさえ解除できれば、そこに残された内容は従来の遺品と多くの共通点があるはずです。どんな新参者が現れても、恐れずに観察する姿勢が大切です。

図表１－１　情報通信機器の保有状況の推移

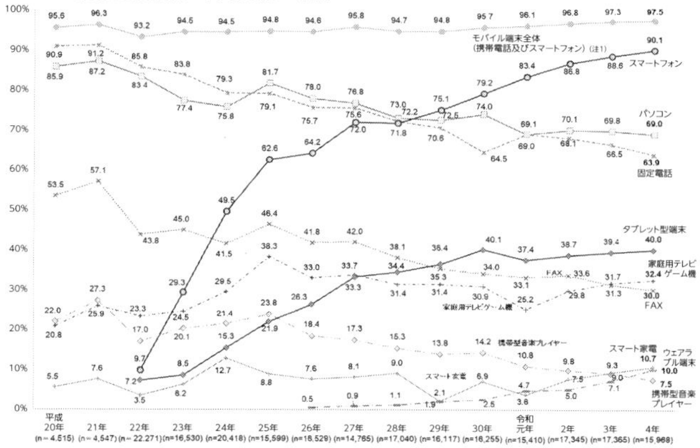

（注1）「モバイル端末全体」には、平成21年から平成24年までは携帯情報端末(PDA)、平成22年以降はスマートフォン、令和2年まではPHSを含む。
（注2）経年比較のため、この図表は無回答を含む形で集計。

出典：総務省「令和４年通信利用動向調査」の「情報通信機器の保有状況の推移」（世帯）より
https://www.soumu.go.jp/johotsusintokei/statistics/data/230529_1.pdf

デジ弁からのアドバイス

■各論01　デジタル機器を持っている場合

「亡くなった主人のスマホが開かなくて困っています。どうすればよいですか？」

今後は、このような相談を受ける機会が増えていくと思われます。

まずは、スマホの機種を特定した上で、誤ったパスワードが一定回数入力されると全データを消去するように設定できる機種（iPhone、Galaxy等）であれば、むやみにパスワードを入力することのないよう注意しましょう。なお、ご遺族により、既に複数回パスワード入力がなされてしまっている可能性がある点にも注意が必要です。

専門家として関わる場合、トラブルに発展するおそれもあるため、スマホの操作については、極力ご遺族にお願いするとよいでしょう（万が一、ご自身で操作せざるを得ない場合には、ご遺族の目の前で逐一確認してもらいながら対応されるとよいでしょう。）。

また、スマホのデータ復旧をお願いできるデータ復旧会社を事前に調べておき、万が一の際は、すぐに紹介できるように対応しておくとよいでしょう。ただし、データ復旧にかかる費用が高額となるおそれや復旧期間が長期化するおそれがある点からも、現実的な対応とはならない点には注意が必要です。

このように、本人がパスワードを共有していないときの対応は、困難を極める可能性があるため、ぜひ、相続の専門家として、デジタル終活（188頁）を普及していただけたらと思います。

SNSやブログを利用している場合

デジ郎の死亡から一夜明けて……

そういえば、父さんSNSはやっていなかったの？
Facebookとか X（旧Twitter）とか？

さぁ……やっていたんじゃない？
YouTubeやっていたくらいだし。

Facebookは検索してみるとして、
X（旧Twitter）はどうしようかな。

え？　何か対応する必要があるの？

仲良かった人には連絡しておかないと。
僕らが知らない交友関係もありそうだしさ。あと、
やっぱりそのまま放置もできないじゃない？

あー確かに。検索すればいいんじゃないの？

X（旧Twitter）を本名でやっているとは思えないな。

へぇ～そういうもんなのね……。
でも、どうやって処理すればよいの？

うーん、FacebookとかInstagramとかは、
追悼アカウントあるけど……。
父さんはどうしたかったんだろう。

誰も、追悼してくれないわよ。

まぁまぁ……ちょっと見てみるよ。

無料なんでしょ？　そのままでいいんじゃない？

まぁ、そのままになっているケースは
多いらしいけど……でも、
亡くなったことを知らない人もいるだろうしね。

何か私のことを悪く書いていたら、
天国でぶっ飛ばすから言ってね。

天国から……

SNSか……。オレの死を世界が悲しんでいる
はずだから、追悼アカウントにしてほしいな。

はいはい……。ところで、追悼アカウントの
管理人は生前に設定していたのか？

していないよ。

設定していたら、命日のたびに
投稿してもらえたかもしれないのにね。

そうなんだ……。そういえば、前亡くなった友
人のアカウントがずっと残っていたのを思い出
したよ。誕生日とかに「おめでとう！」なんて
メッセージ送っているやつがいて、
いつもセンチになるんだよね。

ほう……。なるほどね。

X（旧Twitter）は、外からは発見されにくいだろうな……。故人Xか。

ところで、Xってなんなの？
なんか、数学みたいだけど……。

昔のTwitterが、
今Xっていう名称に変わったんだよ。

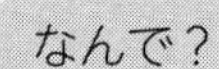

なんで？

さぁ……なんでだろう……
社長とかのご意向じゃない？
まぁ……Xは、あくまで読み専門で、
自分からは何も発信してなかったから……。
にしても、SNSの処理は面倒そうだな〜。

ところで、LINE（ライン）とかも
SNSだが……。

うわーーーそうだった！
父さん、何とかスマホを壊すことできない？

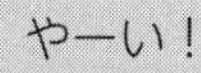

やーい！

本章の目次

はじめに

総務省の「令和4年通信利用動向調査」によると、SNSの利用割合はインターネット利用者のうち80%に上ります。特にここ数年は高齢者の伸びが顕著で、80歳以上でも2人に1人はSNSを使っているというデータが得られるまでになりました。

情報の共有や交換に便利な世の中になっているといえますが、一方で、SNSページを残したまま亡くなるケースが珍しいことではなくなった側面もあります。

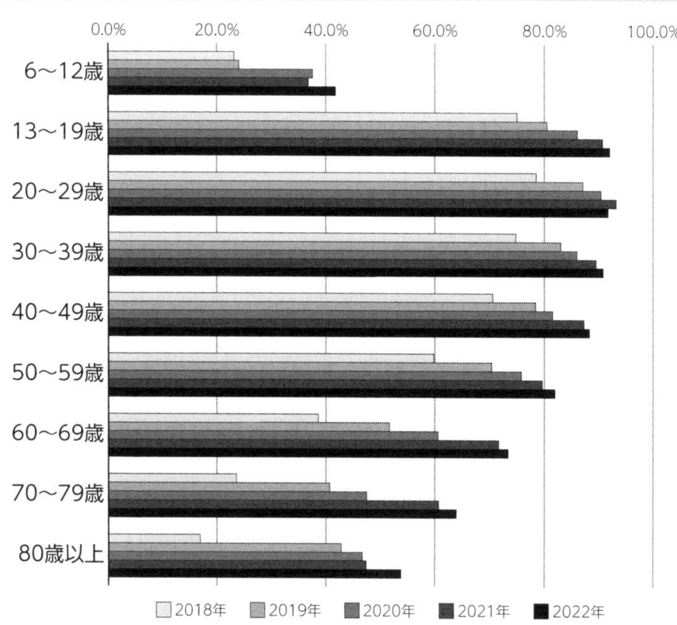

出典：総務省「令和４年通信利用動向調査の結果」の「SNSの利用状況（個人）」等をもとに筆者（古田）作成

故人のSNS、ブログやホームページについて、探しかた、しまいかた、残しかたを見ていきましょう。

COLUMN

故人のSNSやブログ等への対処について

SNSやブログ等の多くは、無料で利用することができます。

確かに、無料であれば放置しておいても基本的には相続財産の相続等に影響を与えません。

しかし、（利用規約の内容次第ですが）規約違反に基づく損害賠償請求を受けるリスク[1)]やアカウントが乗っ取られてしまうリスク等は、ゼロとは言い切れないでしょう。

また、SNSやブログ等で交流していた人たちのことを考えると、何の挨拶もないままに放置されるのは悲しいものがあります。

とはいえ、遺族が対応できる道筋はサービスによって異なります。遺族が引き継げるものと抹消しか選べないもの、追悼ページとして保護する機能を備えたものなど様々です。

故人のSNSやブログ等を放置するか消去するかどうかは、利用規約の内容や故人の使用状況等から結論を出すとよいでしょう。

1 Facebookを利用している場合

1 Facebookアカウントの探しかた

Facebookアカウントは、以下の3通りの方法で探すことが可能です。

① Facebook上で故人の名前を検索する方法
② 友人に確認する方法
③ スマホやパソコン内を検索する方法

1） 利用規約において、ユーザーが死亡した場合に通知しなければならない等と規定されているケースでは、相続人による通知義務違反により、損害賠償請求を受ける可能性があります。しかし、相続人が故人によるサービス利用を知らなかったケースも十分にありえ、かつ損害額の立証が難しいため、実際に損害賠償請求に発展する可能性は低いといえるでしょう。

1 Facebook上で故人の名前を検索する方法

Facebookは実名登録を原則としています。

スマホやパソコンでFacebookにアクセスし、故人の氏名で検索をかけるのがオーソドックスな探しかたといえるしょう。漢字やローマ字のほか、旧姓やパブリックネーム（ペンネームや芸名）などがあればあわせて検索するのが基本です。

同姓同名の方のアカウントが複数ヒットすることもあるので、アイコンの写真やプロフィールなどを参考に目星をつけていきます。

2 友人に確認する方法

上記1の方法だけでは見つからないこともあります。故人がFacebook上の情報の公開設定を「友達のみ」や「友達の友達まで」などにしていると、それ以外の人からページが確認できません。

このとき頼りになるのが、友人に確認する方法です。生前親しくしていた方にFacebookアカウントの有無を尋ねるなど、調査の協力をお願いするとよいでしょう。

3 スマホやパソコン内を検索する方法

また、故人が遺したスマホやパソコンが開けるなら、スマホやパソコン内を検索する方法も有効です。インストールされているアプリや、故人が利用していたと思われるブラウザー（Microsoft Edge、Google Chrome、Safari（サファリ）など）のブックマーク（お気に入り）から利用の有無を確認できます。

これらは、いわばFacebookの入り口です。多くの人は自動ログイン設定にして利用しているので、インターネットにつながっていればそのまま「本人として」ログインできてしまう可能性があります。実際に、この方法で「本人として」訃報を投稿したり、アカウントを抹消したりするケースも見られます。

しかし、Facebookの利用規約上、遺族による利用は認めないとされています。故人のアカウントを引き継ぐ仕組みにはなっていないので、自分のアカウントのような振る舞いは避けるべきです。

COLUMN 

Facebook上での訃報連絡

Facebook等のSNS上で訃報や葬儀の告知記事が掲載される光景は国内外で散見されます。筆者（古田）の取材を通して、それをとがめる運営元にはまだ出会ったことがありません。とはいえ、一身専属性のサービスの場合は、たとえ遺族であっても規約に違反する行為にあたります。

繊細な判断が求められる部分ですが、事情を察して目をつむっているケースがあることは頭の片隅においておきましょう。

COLUMN 

Facebookページを運用している場合も

Facebookには、一般的な個人アカウントページのほかに、「Facebookページ」という著名人や団体向けのページもあります。公的な立場でファンやユーザーと交流するスタンスのページで、こちらはFacebook検索だけでなくGoogle検索などの一般的なインターネット検索でもヒットします。

個人で事業展開をされている方の場合は、個人アカウントとは別にFacebookページも作成していることがあるので、あわせてチェックしましょう。

2 Facebookアカウントのしまいかた 

故人のFacebookのアカウント処理方法は、故人のIDやパスワードでログインしない限り、以下の2通りの方法に限られることとなります。

① アカウントの削除
② 追悼アカウント化

ヘルプセンターの利用

いずれの手段をとるにしても、まずはFacebookにログインをし、「ヘルプセンター」へアクセスすることとなります。「ヘルプセンター」の検索窓に「故人のアカウント」「亡くなった利用者」などと入力し、回答ページに記載されたリンクから申請ページにジャンプする流れとなります。

亡くなった利用者や、追悼アカウントにする必要があるFacebookアカウントを報告する

リンクをコピー

この度は心よりお悔やみ申し上げます。申請いただいた内容につきまして、確認を進めてまいります。なお、新型コロナウイルス感染症の流行により確認担当者が少なくなっているため、当該アカウントの追悼アカウントへの移行または削除にお時間をいただく場合がございます。

弊社より再度心からお悔やみを申し上げるとともに、ご理解いただけますようお願い申し上げます。

追悼アカウントへの移行

追悼アカウントとは、利用者が亡くなった後に友達や家族が集い、その人の思い出をシェアするための場所です。アカウントを追悼アカウントにすると、他のユーザーがアカウントにログインするのを防いで、情報の安全を確保できます。

正当と認められるリクエストを受理した場合、亡くなった方のアカウントを追悼アカウントに移行するのがFacebookのポリシーです。追悼アカウントにすると変わる点について、詳しくはこちらをご覧ください。

このような状況でも、第三者のアカウントのログイン情報は提供できませんのでご了承ください。いかなる場合であっても、第三者が別の人のアカウントにログインすることはMetaのポリシーに違反します。

プロフィールの追悼アカウントへの移行をリクエストするには、お問い合わせください。

★追悼アカウントの申請ページへリンク。

アカウントの削除

適切な書類をお送りいただいたFacebook上の友達にかぎり、故人のFacebookアカウントの削除をリクエストできます。

★亡くなった家族のアカウント削除を申請する解説ページへ。
解説ページ内のリンクから申請ページにも進める。

引用：Facebookのヘルプセンターより

例えば、「*亡くなった利用者や、追悼アカウントにする必要があるFacebookアカウントを報告する*」という回答ページには、前記のように「追悼アカウントへの移行」「アカウントの削除」の二手のリンクがあります。

各リンクは文章の中に紛れているため、しっかりと読み込んで必要なページに進まなければならない点に注意が必要です。

1 アカウントの削除

Facebookは一身専属性のサービスなので、遺族であってもアカウントをそのまま引き継ぐことはできません。

しかし、アカウントの削除申請は受け付けているので、ページを完全に閉じたいとき等に依頼することは可能です。

COLUMN

アカウントの削除を申請する

アカウントを削除する場合は、Facebook「ヘルプセンター」の「*病気やけがなど医学的な理由により行為能力を失った方または亡くなった方のアカウントに関する特別リクエスト*」ページにて、最下部の選択肢で「アカウントの所有者が亡くなったためこのアカウントを削除してください」にチェックを入れます。

このリクエストでは、死亡診断書の画像データ等を送付することにより、アカウント当事者の死亡（死亡診断書を保管していることで裏付けられる）と申請者の関係性を証明することが求められます。

必要な書類をそろえた上で、アカウントの削除にチェックを入れることで削除申請が完了します。なお、「追悼アカウント管理人」（78頁参照）がほかに存在する場合は、遺族であっても申請できない点に注意が必要です。

病気やけがなど医学的な理由により行為能力を失った方または亡くなった方のアカウントに関する特別リクエスト

この度は心よりお悔やみ申し上げます。申請いただいた内容につきまして、確認を進めてまいります。なお、新型コロナウイルス(COVID-19)の流行により確認担当者が少なくなっているため、当該アカウントの追悼アカウントへの移行または削除にお時間をいただく場合がございます。

弊社より再度心からお悔やみを申し上げるとともに、ご理解を賜りますようお願い申し上げます。追悼アカウントへの移行またはアカウント削除の申請に関する最新情報は、ヘルプセンターでご確認いただけます。>

健康上の理由で行動できない方や亡くなった方のアカウントの削除、または追悼アカウントへの移行については、このフォームを使ってリクエストしてください。

弊社より心からお悔やみを申し上げるとともに、このプロセスへのご辛抱とご理解を賜りますようお願い申し上げます。弊社では通常、追悼アカウント以外の問題に報告いただいてもお答えすることはできません。

Facebook利用者のプライバシーを保護するため、アカウントのログイン情報を提供することはできません。

注: 亡くなっていない方のアカウントが不正アクセスされたことを報告する場合は、次のフォームには入力しないでください。代わりに、こちらで詳しい対応方法をご覧ください。

氏名

連絡先メールアドレス

連絡に使用できるメールアドレスを入力してください。

引用：Facebookのヘルプセンターより

2 追悼アカウント化

Facebookは亡くなった人のアカウントを保護する「追悼アカウント」という独自のモードを用意しています。追悼アカウント化すると、あらかじめ「追悼アカウント管理人」（78頁参照）を設定している場合を除き、誰もログインできなくなります。新たな投稿や投稿済みの文章や写真の編集、ダイレクトメッセージ（Messenger（メッセンジャー））のやりとりなどは不可能になりますが、故人が残したページはしっかりと保護されて残ります。このモードへの切り替えは、遺族だけでなく、友人でも申請可能です。

追悼アカウントを申請する

追悼アカウントのリクエスト

この度は心よりお悔やみ申し上げます。申請いただいた内容につきまして、確認を進めてまいります。なお、新型コロナウイルス(COVID-19)の流行により確認担当者が少なくなっているため、当該アカウントの追悼アカウントへの移行または削除にお時間をいただく場合がございます。

弊社より再度心からお悔やみを申し上げるとともに、ご理解を賜りますようお願い申し上げます。追悼アカウントへの移行またはアカウント削除の申請に関する最新情報は、ヘルプセンターでご確認いただけます。>

利用者が亡くなった場合は、当人の希望を尊重して、そのアカウントをどうするか決定します。家族や友達がこのフォームを使ってリクエストを送信すると、アカウント所有者が自分の死後にアカウントを削除してほしいとリクエストしていた場合を除き、アカウントは追悼アカウントに移行します。

追悼アカウントに移行するかどうかは重要な決断です。あなたが亡くなった利用者の家族や親しい友達でない場合は、追悼アカウントへの移行リクエストを出す前に、その人の家族に連絡を取ることをおすすめします。

アカウントを追悼アカウントにすると、他の利用者によるアカウントへのログインを防ぎ、情報の安全を確保できます。アカウントは引き続きFacebookに表示されますが、追悼アカウントを管理できるのは、アカウント所有者が選定した追悼アカウント管理人に限られます。

アカウント所有者が追悼アカウント管理人を選定していなかった場合、追悼アカウントへの移行がリクエストされた後は、このアカウントは誰からも積極的に管理されなくなります。

アカウント所有者が、死後に自分のアカウントを完全に削除してほしいとリクエストしていた場合は、Facebookにアカウント所有者の死亡の連絡が届き次第、そのアカウントは削除されます。

追悼アカウントへの移行をリクエストしたい場合は、このフォームを使ってご連絡ください。

注: このフォームは追悼アカウントへの移行をリクエストする場合にのみご使用ください。不正アクセスされたアカウントを復元するには、facebook.com/hackedにアクセスしてアカウントの安全を確保してください。アカウントにログインできない場合は、facebook.com/login/identifyにアクセスして指示に従ってください。

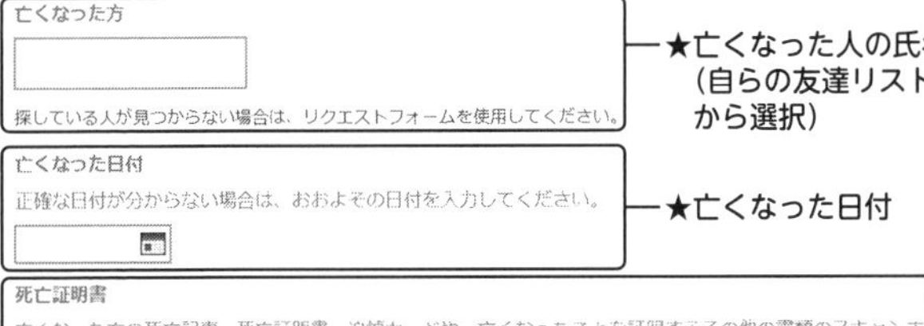

亡くなった方

探している人が見つからない場合は、リクエストフォームを使用してください。

★亡くなった人の氏名（自らの友達リストから選択）

亡くなった日付

正確な日付が分からない場合は、おおよその日付を入力してください。

★亡くなった日付

死亡証明書

亡くなった方の死亡記事、死亡証明書、追悼カードや、亡くなったことを証明するその他の書類のスキャンまたは写真を提出してください。

ファイル選択　選択されていません

ドキュメントがオンラインの場合は、そのスクリーンショットを添付することができます。スクリーンショットの撮影方法については、ヘルプセンターをご覧ください。

★死亡証明書（ファイルをアップロード）

メールアドレス

連絡に使用できるメールアドレスを入力してください。

★申請者のメールアドレス

この方が亡くなったことにより経済的問題が生じた場合、Facebookで 募金キャンペーンを作成 することをご検討ください。

送信

引用：Facebookのヘルプセンターより

追悼アカウントは、Facebook「ヘルプセンター」の「*追悼アカウントのリクエスト*」ページに前記の必要項目を入力することで申請できます。

このうち、死亡証明書には、死亡診断書などの公的な死亡証明書類のほか、会葬礼状や訃報記事なども含まれます。該当する書類を撮影したりスキャンしたりして、画像ファイルとしてアップロードしましょう。あとは、Facebook側の判断を待つことになります。

追悼アカウント化の注意点

前述のとおりに遺族以外の友人も申請可能ですが、遺族や近しい関係者が把握しないうちに追悼アカウント化してしまうと、後からトラブルになる可能性もあります。訃報を知って独断で申請するよりも、まずは故人の近親者と相談して事を進めるのが安全でしょう。申請ページにも「あなたが亡くなった利用者の家族や親しい友達でない場合は、追悼アカウントへの移行リクエストを出す前に、その人の家族に連絡を取ることをおすすめします。」と明記されています。

3 Facebookアカウントの残しかた

Facebookは生前から死後に備える機能も用意しています。

スマホアプリの画面では、自身の設定ページを開き、「Metaアカウントセンター」-「個人の情報」-「アカウントの所有権とコントロール」-「追悼アカウント」に進んで、自身のアカウントを選ぶと右の画面が表示されます。ここで当該の機能が設定できるのです（インターネットブラウザー経由でも設定可能です。）。

死後の備えとして選べるのは、以下の2つのメニューです。

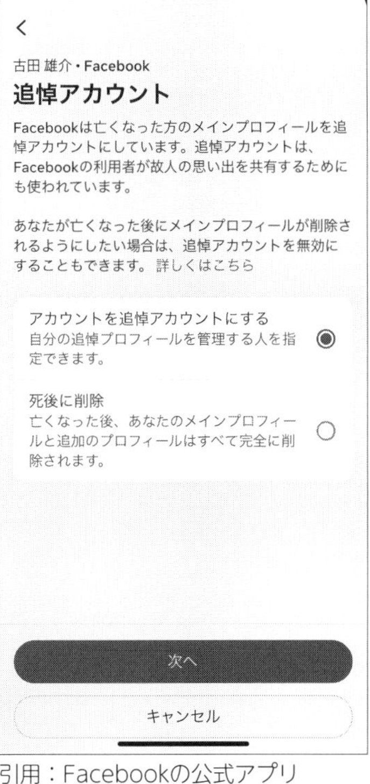

引用：Facebookの公式アプリ「追悼アカウントの設定」画面

① アカウントを追悼アカウントにする
② 死後に削除

なお、死後の措置は二者択一なので、①「アカウントを追悼アカウントにする」を指定している状態では、②「死後に削除」希望のメニューは選べません。逆もしかりです。

1 アカウントを追悼アカウントにする

前記「アカウントを追悼アカウントにする」ページにおいて、Facebook上で「友達」となっている人の中から1人を選択することで、「追悼アカウント管理人」の設定ができます。

追悼アカウント管理人とは、「自分のアカウントが追悼アカウントになった場合に、アカウントを管理してもらう人」をいいます。「友達」には指定した旨の通知が届くので、それを了承してもらうことで成立します。指定の際にはメッセージや口頭で意図を説明しておくとよいでしょう。

なお、追悼アカウント管理人を選択しなくても、追悼アカウント化することはできますが、前述のとおり、一切の編集ができなくなる点に注意が必要です。

COLUMN 

追悼アカウント管理人ができること

追悼アカウント管理人になると、追悼アカウント化したページの壁紙を変更したり、新たな記事を投稿したりできます。ただし、ダイレクトメッセージの閲覧や生前に投稿されたコンテンツの取り下げ等はできません。あくまで追悼アカウントという保護ページを代理で管理するという位置づけにとどまります。

2 死後に削除

前記において、「友達」から追悼アカウントが申請されたときに、ページの抹消を求める設定も可能です。

なお、上記のような設定をしなくとも、エンディングノート等でFacebookのアカウントを削除してほしいと伝え、自分の死後に遺族からアカウント削除を依頼してもらうという工夫も有効でしょう。

引用：Facebookの公式アプリ
「死後に削除」画面

2 InstagramやThreadsを利用している場合

1 Instagram／Threadsアカウントの探しかた

Facebookを運営するMeta（メタ）は、写真や画像を通して交流するInstagramも提供しています。さらに2023年７月には、テキスト中心のSNSであるThreads（スレッズ）も提供するようになりました。

ただし、ThreadsとInstagramのアカウントは必ず連携する仕組みになっています。それを踏まえると、アカウント探しは以下の３通りの方法が基本となります。

① InstagramやThreadsで故人の氏名等を検索する方法
② 故人の友人に確認する方法
③ スマホやパソコン内を検索する方法

1 InstagramやThreadsで故人の氏名等を検索する方法

InstagramとThreads（以下、両者をあわせて「Instagram等」と表します。）は、Facebookほどには実名文化が浸透していません。そのため、Instagram等で氏名検索をかけてもヒットする可能性は低く見積もっておいた方がよいでしょう。

一方で、電話番号を登録しているアカウントであれば、故人の電話番号から検索できる可能性があります。

また、Facebookと連動する設定になっている場合は、Facebookから検索をかけて該当するアカウントを探す方法もあります。ただし、非公開アカウントに設定している場合はフォロワー以外からは見つけらません。

X（旧Twitter）とThreadsの関係性

Threadsは、度重なるルール変更で混乱するX（旧Twitter）の受け皿としての期待を受けて利用者を急増させた背景があります（Xについては83頁参照）。

そうした事情により、X（旧Twitter）からThreadsに“引っ越し"た利用者が多いので、Xアカウントの表示名が判明していれば、そこから見当をつけて検索する方法も有効です。

そもそもInstagramやYouTubeも含め、複数のSNSを同じハンドルネームで横断的に利用している人は珍しくありません。一つのSNSアカウントが見つかれば、芋づる式に他のSNSが発見されるということもよくあります。

2 故人の友人に確認する方法

生前親しくしていた方にInstagram等のアカウントの有無を尋ねるなど、調査の協力をお願いするのも有効です。

3 スマホやパソコン内を検索する方法

故人が残したスマホやパソコンが開ければ、インストールされているInstagram等のアプリやブラウザーのブックマーク（お気に入り）から、利用の有無を確認することもできます。

2 Instagram／Threadsアカウントのしまいかた

故人のInstagram等のアカウント処理方法は、Facebookと同様、故人のIDやパスワードでログインしない限り、以下の2通りの方法に限られることになります。

① アカウントの削除
② 追悼アカウント化

申請の流れと必要な情報は、先に紹介したFacebookと同じ

（71頁参照）なので、本節では詳細の説明を割愛します。

Instagram等のヘルプセンターを開き、「追悼アカウント」や「亡くなった人」などで文字検索をかけると、申請ページへのリンクが見つかりやすいでしょう。追悼アカウント化せずに、アカウントを抹消する場合も基本的な流れは変わりません。

COLUMN 

追悼アカウントは復元可能

自分のアカウントが誤って追悼アカウントにされてしまった場合は、本人であればヘルプセンターに申請することで、通常のアカウントに戻すことができます。Facebookでも同様です。

3 Instagram／Threadsアカウントの残しかた

2024年1月時点では、Instagram等は、Facebookのような「アカウントを追悼アカウントにする」や「死後に削除」といった生前準備機能を搭載していません。

死後に備えるなら、エンディングノートやパスワード管理アプリなどにIDとパスワード、希望する処理方法などを記載しておき、いざというときに家族等に伝わるように手はずを整えておくのが最も確実な方法といえるでしょう。

3 X(旧Twitter)を利用している場合

1 X(旧Twitter)アカウントの探しかた

2006年に設立し、2008年に日本版が登場した老舗のSNS「Twitter」は、運営トップが変わった2022年4月以降に大幅なルール変更を繰り返しており、2023年7月にはサービス名も「X」に変わりました。慣例にならって、以降はX(旧Twitter)と表記します。

X(旧Twitter)アカウントは以下の3通りの方法で探せます。

① X(旧Twitter)で故人の名前等を検索する方法
② 友人に確認する方法
③ スマホやパソコン内を検索する方法

1 X(旧Twitter)で故人の名前等を検索する方法

X(旧Twitter)は非公開アカウント(通称:鍵アカ、鍵垢)でもプロフィールページは検索でヒットするので、そういう面では捜索しやすいSNSといえそうです。

しかし、匿名文化が根強く、家族からみて本人と特定するのが困難なアカウントも数多く存在します。メインのアカウントのほかにサブアカウント(通称:サブアカ、サブ垢)を複数抱えていたり(通称:複アカ、複垢)、カップルやチームで運用していたりすることもあるので、X(旧Twitter)に慣れていない家族が、使いこなしている人の全容を把握するのは難しい一面があります。

2 友人に確認する方法

上記1の方法でも発見できない場合には、生前親しくしていた方にX（旧Twitter）のアカウントの有無を尋ねるなど、調査の協力をお願いするとよいでしょう。

3 スマホやパソコン内を検索する方法

故人のスマホやパソコンに使用の痕跡、あるいはIDやパスワードが残っていれば、ログインして調べる道筋もあります。

2 X（旧Twitter）アカウントのしまいかた

X（旧Twitter）はアカウントの譲渡を禁止していますが、カップルアカウントや法人アカウントのように複数人での運用は認めています。このスタンスを応用して、故人の実名アカウントを家族やスタッフが引き継いで訃報を載せたり運用を続けたりする事例も少なからず見られます。同様にこの方法でアカウントを抹消したとみられるケースもあります。

つまり、IDとパスワードさえ把握できれば、「アカウントチームの一員」、あるいは「故人の代理人」としてログインして、当該のアカウントを処理できるわけです。

原則としては、他のSNSやブログでも同じことがいえる可能性がありますが、規約内での解釈で対応できる幅が広いところがX（旧Twitter）の特徴といえるでしょう。

とはいえ、道義的な問題は別にあるので、故人の意思に反したり、フォロワーをないがしろにしたりするような振る舞いは当然避けるべきです。

自動ログインできても抹消はできないケースも

X（旧Twitter）のアカウントを抹消する際は、パスワードの入力が求められます。故人のスマホやパソコンにログイン設定が残っていれば、そのままログインして訃報をポスト（かつては「ツイート」と呼ばれてました）したり削除したりはできますが、パスワードが分からなければアカウントの抹消は不可能です。

このため、故人のポストやアイコンを遺族が手動で全削除して、空っぽになったアカウントだけを残している事例も散見されます。

ログインできない場合は茨の道

X（旧Twitter）のIDとパスワードが分からない場合は、ヘルプセンターから運営元にアカウントの停止を依頼する方法が用意されています。

ヘルプセンターにある「アカウントにアクセスする際に問題が生じている」というページで、アカウントの所有者が死亡した旨を伝えるチェック項目を選び、申請者と対象アカウントの情報を記載するのが一連の流れです。

ただし、その後１年以上も音沙汰がないケースも複数報告されており、迅速で確実な対応は期待しにくいのが現状です。

お問い合わせ　アカウントへのアクセス

アカウントにアクセスする際に問題が生じている

アカウントについて、どのような問題でお困りですか？ (必須)

アカウントを削除または解約したい

アカウントについて、どのような問題でお困りですか？ (必須)

自身での対応が難しい利用者や亡くなられた利用者のアカウントを停止するのにサポートが必要です

★利用者が亡くなった場合のメニューを選択肢から選ぶ。

いずれか1つの項目を選択してください (必須)

◉ アカウント所有者が亡くなられた場合

○ アカウント所有者自身での対応が難しい場合

アカウントの停止をお手伝いします。

アカウント所有者が亡くなられた場合、または自身での対応が難しい場合、Xは、当該利用者の代理資格を有する個人とともにアカウントを解約します。このフォームに入力してください。こちらから、できるだけ早急にご連絡します。

★「アカウント所有者が亡くなられた場合」にチェックを入れる。

氏名 (必須)

メールアドレス (必須)
連絡が取れるメールアドレスを入力してください。

ys*****@ni*****.com　リセット

当該アカウント所有者との関係を教えてください。 (必須)

◉ 家族、後見人

○ 当該利用者の正式な代理人

○ その他の関係者

削除しようとしているTwitterユーザー名 (必須)

@

Twitterアカウント所有者の氏名 (必須)

役立つと思う、利用者に関するその他の情報

送信

引用：X（旧Twitter）のヘルプセンターより

3 X（旧Twitter）アカウントの残しかた

死後の処理を家族や友人に託すなら、万が一の際にIDとパスワードを託せるように備えておくことが大切です。

逆に、自分と結びつけられたくないアカウントがあるなら、死後に紐付けられないように日頃から心がけるべきでしょう。

COLUMN

X（旧Twitter）に追悼アカウント機能がつく？

Twitter時代の2019年11月、同社は「休眠アカウントを随時抹消する」と突然宣言し、世界中から猛批判を浴びました。長らくログインしていない休眠アカウントには故人のアカウントも含まれるため、「もろとも抹消されるのはひどい！」という声が上がったのです。

これを受けて同社はすぐに宣言を撤回し、追悼アカウントのような保護機能を実装するまでは抹消計画を再開しないと約束しました。しかし、経営トップが変わったことで、この約束は事実上反故にされた格好です。

4 LINEを利用している場合

1 LINEアカウントの探しかた

LINEの利用者数は2023年６月時点で9500万人に達しています。原則として一つの電話番号につき１アカウントしか持てな

いこと、日本国内での利用が大半であることを考えると、国内のスマホの利用者の大多数がLINE ID(ラインアイディ)を持っていると推測できます。

一般的には、家族間のやりとりにLINEが利用されているケースが多いものと思われるため、あえて「探す」必要はないケースが多数かとは思います。

しかし、故人と遺族の関係によっては、「遺族側が、故人のLINE利用の有無を知らない」という状況があり得ます。このようなケースにおいては、以下の方法によりLINEアカウントを調査するとよいでしょう。

① 故人の電話番号から検索する方法
② スマホやパソコン内を検索する方法
③ 友人に確認する方法
④ 銀行口座やクレジットカード履歴から確認する方法

1 故人の電話番号から検索する方法

LINE IDは、基本的に電話番号と紐付いているので、故人の電話番号が重要な糸口となります。ただし、電話番号やIDからの検索や「友だち」申請を許可していない場合は、「友だち」以外のユーザーが見つけることはできません。

2 スマホやパソコン内を検索する方法

パソコンにLINEアプリをインストールしている場合もありますが、LINEは大抵スマホで使われます。故人のスマホが開ける状況ならば、スマホのLINEアプリを起動して探すのが最も確実な方法といえます。

3 友人に確認する方法

故人の近しい友人にLINE利用の有無やIDについて尋ねてみることも有効でしょう。

4 銀行口座やクレジットカード履歴から確認する方法

キャッシュレス決済サービス（164頁参照）である「LINE Pay（ペイ）」のほか、「LINE MUSIC（ミュージック）」や「LINE マンガ」など、有料コンテンツを利用している場合は、銀行口座やクレジットカードの履歴から使用状況を突き止めることもできます。

COLUMN 

スマホがなくてもLINE IDは持てる

LINE IDは固定電話や折りたたみ携帯電話（いわゆる“ガラケー”）、あるいはSMS（エスエムエス）（ショートメッセージサービス）が送れるデータ通信専用SIMがあれば取得できます。また、2020年４月まではFacebookアカウントのみでLINE IDが得られる方法もありました。

2 LINEアカウントのしまいかた

LINEは故人アカウントの引継ぎを想定しておらず、遺族による削除申請の窓口も用意していません。LINEセーフティセンターにある「故人のアカウントを閉鎖する」項目の説明文がスタンスを象徴しています。

> *LINEアカウントは、そのアカウントを作成されたご本人に限りご利用いただけるものです。そのため、ご遺族であっても故人のアカウントを引き継ぐことはできません。亡くなったご家族のアカウントの削除をご希望される場合は、お問合せフォームよりお問合せください。利用者が亡くなった場合の手続きは必須ではありません。特に何も手続きしない場合は、そのままアカウントが残る場合もあります。*

引用：LINEセーフティセンター「故人のアカウントを閉鎖する>アカウントの閉鎖方法」https://linecorp.com/ja/safety/account

故人のアカウントはそのままにしておいても構わないし、運営側に削除を求めるなら、本人がログイン情報を忘れた際のLINE IDの抹消を申請するのと同じ要領で問い合わせれば応じるというスタンスです。

放置していると他人のIDになる？

電話番号を解約すると、早い場合は３か月程度で別の誰かの電話番号として再利用されます。その新たな電話番号の持ち主がLINE IDを取得すると、元の持ち主が使っていたアカウントが自動で抹消されることがあります。

アカウントの抹消後も、故人とやりとりしたトークは保持されますが、故人のネームは「unknown」となり、アイコンの写真やイラストもなくなってしまいます。この突然の変化に、「故人のアカウントが突然乗っ取られた」と誤解されるケースがしばしばあるようです。

この現象は、利用者本人が生前から電話番号以外の情報もLINE IDに紐付けておくことで回避できます。紐付けできるのはメールアドレスとApple ID、Googleアカウント、Facebook IDです。複数の情報とつながりを持っておくことで、電話番号という紐が切れてもアカウントが宙ぶらりんになるのを防ぐことができます。

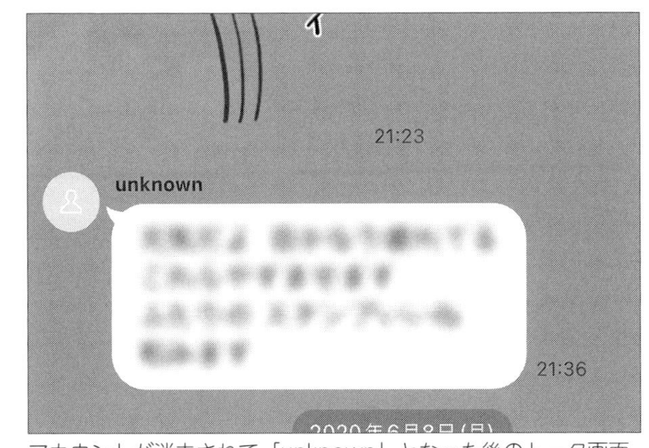

アカウントが消去されて「unknown」となった後のトーク画面

3 LINEアカウントの残しかた

以上のように、LINEアカウントを死後に活用することは認められていませんが、生前にやりとりしたトークが消滅するわけではありません。

故人が残していったLINEのページではなく、故人とやりとりした側での作業となりますが、以下の3通りの方法があります。

① すべてのトーク履歴をバックアップしておく
② トークルーム単位でテキストのコピーを残しておく
③ スクリーンショットを撮って画像として残しておく

1 すべてのトーク履歴をバックアップしておく

設定メニューから「トークのバックアップ」を選び、6桁のパスワード（PINコード）を設定することで、トーク履歴全体のテキストデータをバックアップできます。自動と手動バックアップが選べます。

2 トークルーム単位でテキストのコピーを残しておく

各トークルームの設定メニューから「トーク履歴の送信」を選ぶと、これまでのやりとりがテキストデータとして出力できます。メール添付やメモとしての保存などが選べますが、スタンプや画像などは残せない点は留意してください。

3 スクリーンショットを撮って画像として残しておく

残したいトークの画面のスクリーンショット[2)]を撮って、画像データとして保管する方法もとれます。故人のアカウントがunknownになる可能性があるなら、その前に思い出のやりとりだけは画像で残しておくといったことも可能です。

2）スクリーンショットとは、パソコンやスマホ等の画面上に表示されたものの全体を撮影した画像のことをいいます。

5 ブログ、ホームページ等を利用している場合

1 運営サイトの探しかた

ブログやホームページ（以下、「運営サイト」といいます。）などは、SNSと比べると体裁やデザインまで自分でプロデュースできる領域が広く、実名や匿名の調整も人それぞれです。

故人の氏名でインターネット検索して見つかることもありますし、併用しているSNS等のリンクからたどれる場合もあります。

また、アフィリエイト（124頁）を利用していたり、レンタルサーバーを契約したりするなど、お金のやりとりが生じている場合は、銀行口座やクレジットカードの履歴が糸口になることもあります。

インターネットの居場所は多種多彩

そのほかにも、イラスト投稿サイトや写真投稿サイト、オンラインゲーム内アカウント、映画や音楽、書籍のレビューサイト、Wikipedia（ウィキペディア）などの百科事典サイトの編集者ページなど、様々なところに“故人の居場所”が残されていることがあります。最近はインターネット上の仮想空間である「メタバース」に自分や仲間との居場所を作るといったことも珍しくなくなりました。

SNSもこれまで挙げた以外に、各論04で解説するYouTube（119頁参照）や、ショート動画の投稿が盛んな「TikTok（ティックトック）」、ビジネス向けの「LinkedIn（リンクトイン）」、国産SNSの草分けといえる「mixi（ミクシィ）」な

ど、枚挙にいとまがありません。

紙幅の関係からすべての解説はできませんが、一般にインターネットを活用している人ほど複数のサービスを併用している傾向が強まることは確かです。

一つのページにあるプロフィールリンクや投稿のリンクを追いかけていくことで、生前に知らなかった故人のページを発見することはよくあります。

2 運営サイトのしまいかた

運営サイトには、遺族による承継を認めているタイプと、多くのSNSと同じく一身専属とするタイプがあります。

その一方で、承継の可否を明言していないサービスも多く、直接問い合わせなければ確認できない場合もあります。

つまるところ、同じようなサービスであっても、運営元のスタンスによって契約者の死後にとれる選択肢はバラバラとなります。このため、故人の運営サイトを見つけたら、個別に利用規約やQ＆Aページを確認したり、運営元に問い合わせたりしなければなりません。

COLUMN

しまいかたの実情

実際には、運営元の手続を通さず、故人の端末から遺族が、管理人（故人）としてログインし、訃報をアップしたりページを抹消したりするケースが少なからずあります。

前掲のコラム「Facebook上での訃報連絡」（70頁）でも触れ

ましたが、筆者（古田）は10年前から100社以上の運営元にその是非について尋ねています。しかし、ルール違反だと厳しい姿勢で断じる回答をもらったことは一度もありません。逆に、積極的に勧める運営元も少数派です。

取材の感触としては、喫緊の対応であれば黙認するといいますか、お目こぼしに近い感覚でこの局面と正面衝突を避けている印象です。

COLUMN 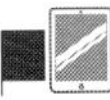

サイトの跡地を悪用させないために

人気サイトや有名人の公式ページがあった場所は、当該のサイトの契約が解除された後に第三者に取得されることがしばしばあります。元サイトの人気の影響で広告効果が高く、場合によっては違法な商品を手っ取り早く売り込む場所として使われてしまうことも。

そうした行為は「ドロップキャッチ」と呼ばれ、違法ではないものの、影響力の高いサイトを持っていた側は警戒すべきところがあります。実際に、急死した著名人の公式サイトのドメインが第三者の手に渡り、オンラインカジノへの誘導サイトに悪用された例もありました。

SNSやブログによっては運営元の判断で再利用不可としていることもありますが、それ以外の場合は影響力が低下するまで、一定期間は遺族側で保持しておくといった措置もときには必要になるでしょう。

3 運営サイトの残しかた

死後にIDとパスワードを渡せるように備えるのはもちろんですが、利用しているサービスの死後対応のスタンスを調べておくことも重要です。

エンディングノート等に記載するなら、そのタイミングで利用規約やQ&Aコーナーを調べておきましょう。

COLUMN

レンタルサーバーは「承継可能」が主流？

レンタルサーバー（インターネット上のスペースやその住所＝ドメインを提供するサービス）を利用してブログやホームページを運営している場合は、支払いが続く限りはサイトが存続します。多くは遺族による承継や名義変更が可能ですが、一身専属性を有するものとして運用しているところも一部であります。こちらもスタンスのチェックは欠かせません。

COLUMN

「デジタル故人」の可能性

故人がインターネット上に残していった文章や写真、動画などを生成AIが学習して、故人らしい振る舞いをする「デジタル故人」が作れるサービスが近年注目を集めています。

米国では、故人が生前に残した音声データをベースに故人の分身と会話できるようにする「HereAfter（ヒアアフター）」や、チャットを繰り返すことで死後にも残る自分の分身を育てる「Replika（レプリカ）」などのサービスがすでに提供されています。

業界大手もこの流れを押さえています。マイクロソフトが、故人が残した電子メッセージなどからデジタル故人の一種である「チャットボット」を再生する特許を取得しているのはその証左といえるでしょう。

倫理的な課題を多くはらんでいるため、まだ普及しているとはいえない状況ですが、5年先、10年先には無視できない存在になっている可能性もあります。故人が残したSNSやブログのコンテンツが近い将来に新たな意味を生むものになるのかもしれません。

デジ弁からのアドバイス

■各論02　SNSやブログを利用している場合

故人のSNSにおいて訃報や葬儀等の案内が通知されるケースもあります。

特に、故人と交友関係にある方の連絡先が分からない場合で、故人の訃報を幅広く伝えたいとき、SNSは便利なツールです。実際、友人・知人の逝去をFacebook等の投稿で知ったという方も多いのではないでしょうか。

しかし、葬儀の際、遺族が自宅を留守にしていることを公開してしまうことになりかねず、防犯上、公開設定や発信内容には注意が必要です。

なんとも世知辛い話にはなりますが、こういったことにも注意を怠らないようにしましょう。

各論 03

有料サービスを利用している場合

デジ郎の死亡から3日後……

妻デジ子

あーそういえば、早く携帯ショップに
行かなくちゃ……。

息子デジ太

え？　どうしたの？

お父さんのスマホの通信契約を
早く止めないと
ずっとお金かかっちゃうじゃない？

なるほどね……お金がかかるといえば、
サブスクはやっていたのかな。
昔、故人のサブスクの解約ができない
っていう投稿がバズってたけど……。

サブスクってなに？

ざっくりいえば、毎月定額で課金される
有料サービスのことだよ。
有料のアプリとか……。

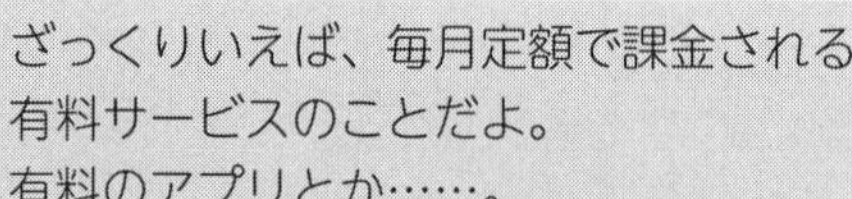

へぇ～Netflix（ネットフリックス）とかAmazon（アマゾン）プライムとかも、
そのサブスクなの？

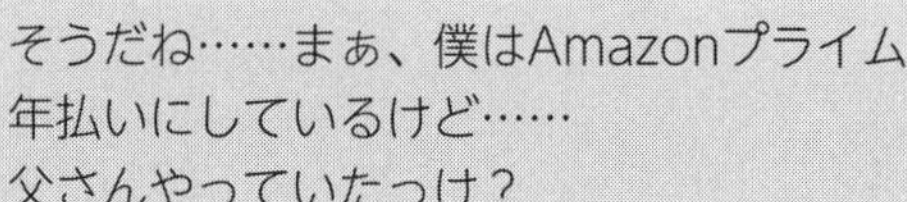

そうだね……まぁ、僕はAmazonプライム
年払いにしているけど……
父さんやっていたっけ？

さぁ……調べてみないとね……。

天国から……

あらあら……
一番やってはいけないことを……。

え？　何が一番やってはいけないの？

スマホの通信契約というのは最後まで
とっておかねばならんのだよ。

へぇ〜使わないのだから
１日でも早く解約するのが
よいんじゃないの？

いや、インターネットサービスの中には
二段階認証を使用しないとアクセスできない
ものもあるから、スマホの契約は残しておか
ないといかんのだよ。

へー。確かに、二段階認証で、スマホに
SMSが送付されてくることもあるよね。

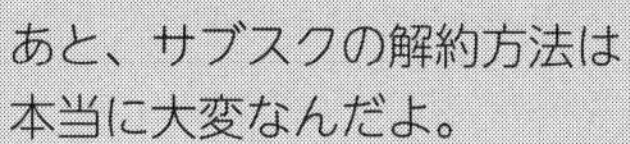

あと、サブスクの解約方法は
本当に大変なんだよ。

え？　そうなの？

いろんな方法があってな……まずは……。

（あ……これ話が長くなるな……。）

本章の目次

はじめに

携帯電話等の通信通話契約数は2022年度末時点で、２億1000

万件を超え[1]、個人のモバイル端末保有率も85.6%と漸増傾向が続いています[2]。大半の人が月額料金を払ってモバイル通信環境を利用しているわけです。

また、定額を払ってサービスを利用するサブスクリプション（サブスク）サービス[3]の市場規模は2022年度に１兆円を突破し、2024年度には１兆2000億円を超えると予想されています[4]。サブスクサービスの多くがインターネットを利用していることを考えると、デジタル環境を通して課金制のサービスを利用することがごく当たり前になっているといえます。

こうした情勢において、有料サービスを利用したまま亡くなるケースは避けられないものがあります。では、残された有料サービスはどう見つけて、どう対応すればよいのでしょうか。

1 通信通話契約を結んでいる場合

[1] 通信通話契約の探しかた

通信通話契約は１回線につき１契約が原則です。スマホ等であれば、一つの電話番号につき１契約結ばれていると捉えてよ

1）総務省「電気通信サービスの契約数及びシェアに関する四半期データの公表（令和４年度第４四半期（３月末））」より

2）総務省「令和４年通信利用動向調査」の「モバイル端末の保有状況（個人）」より

3）本書では、定額料金を支払うことで、サービスを一定期間利用することができるビジネスモデル等を指すものとします。

4）矢野経済研究所「サブスクリプションサービス市場に関する調査を実施（2022年）」より
https://www.yano.co.jp/press-release/show/press-id/2997

いでしょう。ただし、通話契約がない通信契約のみのタイプもあるので、Wi-Fiを使わずにインターネットにつながるか否かを指標にするのが安全です。これはモバイルパソコンやタブレットでも同じです。

固定回線の場合は、自宅にルーターやセットトップボックスといったインターネット接続に必要な機器があります。それらの機器や契約書類などから探すのが常道といえます。

COLUMN

1台のスマホに2契約入っていることも

スマホの中には、「デュアルSIM（DS）」といって2つの電話番号、あるいは通信契約を組み込めるものもあります。2契約の解除や承継が必要になる場合があることも留意しましょう。

2 通信通話契約のしまいかた

1 モバイル契約のしまいかた

故人のスマホ等の通信通話契約の解除（あるいは名義変更）は、通信キャリアのショップやサポートセンターの窓口を通して行います。その際に必要な書類や情報は通信キャリアごとに違いがありますが、大まかには下記の3つとなります。

① 契約対象品･･･端末本体やSIMカード本体、契約書類等
② 契約者の死亡確認書類･･･公的な死亡証明、会葬礼状等
③ 申請者の本人確認書類･･･運転免許証等

SIMカードとは通信通話契約を記録した小さな電子カードで、スマホ等に挿入されています。一部の機種では「eSIM」といってSIMカード機能が本体に組み込まれたものもありますが、いずれも故人の端末をそのまま持ち込めば問題ありません。

書類等に不備があってやり直しになることもしばしばあるので、事前に契約している通信キャリアのページで内容を確認しましょう。店舗に持ち込む際はその店舗に事前に相談した上で向かうのが確実です。

故人の通信通話端末について通信キャリアが対応する内容

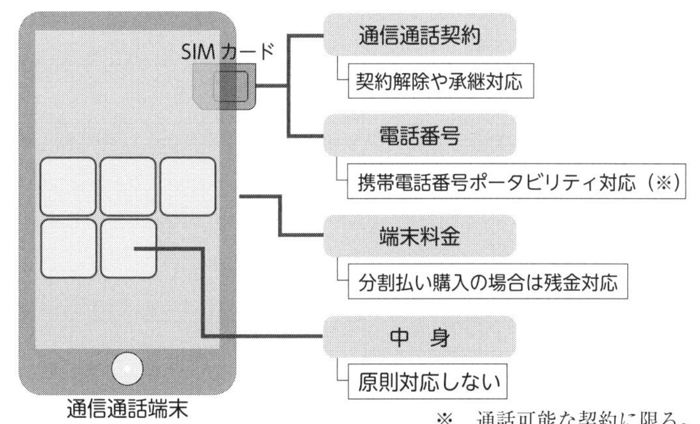

※　通話可能な契約に限る。

COLUMN 

承継やMNPも選べる

主要キャリアの多くは故人の契約を遺族が引き継ぐ「承継」にも対応しています。また、承継非対応のキャリアであっても、携帯電話番号ポータビリティ（MNP）制度を利用して承継可能なところに移す手が使えます（通信のみの契約を除く）。

2 固定回線契約のしまいかた

契約している回線事業者、またはインターネットサービスプロバイダー（ISP）に連絡すれば、必要な書類や手続をナビゲートしてくれます。

名義変更（承継）に対応しているケースが多いので、家族として引き続き利用するなら、窓口にその旨を伝えましょう。

COLUMN 

ちょっと待って、通信契約の解約にご用心！

契約者が亡くなった際の解約手続自体は無料で請け負う通信キャリアがほとんどです。ただし、解約日までの利用料金は日割りで発生するほか、端末代の月割り支払いが完了していない場合は残金の支払いは必要になります。

日割りで月額料金がかかることを考えるといち早く解約手続をしたくなりますが、スマホ等の解約は「デジタル遺品の全容がある程度つかめてから」が鉄則です（巻頭のxi頁参照）。

葬儀前に解約すると故人の縁者からの電話やチャット、SMS（ショートメッセージサービス）などが受け取れなくなりますし、コード決済サービスの残高の確認やクラウドにあるバックアップデータの把握に支障が出ることも考えられるためです。

3 通信通話契約の残しかた

上記の手続の際に、名義変更（承継）を選ぶことで、契約を引き継ぐことが可能です。

ただし、一身専属性のサービスでは承継不可となりますし、承継の条件として「二親等までの親族」といった条件がつく場合もあります。契約元のルールを確認して、道筋を定めましょう。

2 サブスク等の定額課金サービスを利用している場合

1 サブスク等の定額課金サービスの探しかた

サブスクをはじめとする定額課金サービス（以下、「サブスク等」といいます。）は、月ごとや年ごとにサービス利用料を支払う契約類型となります。

利用料の支払いが規則的に発生するため、クレジットカードや預金口座のお金の流れから見つける方法が有効です。ただし、支払い代行サービスが仲介することが多く、サービス単位では見つけきれないことが多々あります。

このため、次のようにスマホ等を使ってApple IDやGoogleアカウントに紐付いたサブスク等の契約を調べたり、ケーブルテレビや通信キャリアのコンテンツパックの詳細から課金性のある契約を探したりする方法と並行するのが現実的な方法といえます。

スマホのアカウントからサブスクを調べる

iPhone

設定
Apple ID
自宅
古田雄介
名前、電話番号、メール
パスワードとセキュリティ
お支払いと配送先 JCB
サブスクリプション
iCloud 50 GB
メディアと購入
探す
ファミリー共有

「設定」メニューでユーザー名から「サブスクリプション」に進むと、Apple IDを通して契約しているサブスク等が確認できる。ただし、「iCloud」の課金は同名項目で確認やプラン変更を行う。

Android

公式アプリ「Google Playストア」を開いて、設定メニューにある「お支払いと定期購入」から「定期購入」項目をタップすると、Googleアカウントに紐付いたサブスク等の契約が確認できる。

2 サブスク等の定額課金サービスのしまいかた

サブスク等の支払いを止める最も簡単な方法は、クレジットカードの退会や引き落とし先口座の凍結等によって、お金の流れを強制的に断つことです。

しかし、この方法は多くの不確実性をはらんでいます。

サブスク契約が残された状態ではクレジットカードの退会（解約）ができなかったり、退会（解約）できた後も自動引き落としだけは続いたりする事例がしばしば報告されているのです。

Microsoftのように、クレジットカードを停止すれば契約終了としている企業もありますが、これはまれな事例です。サブスク等ではお金の流れと契約自体は別物だと捉えるべきでしょう。

それを踏まえて、次のような手順で解約するのが得策です。

① 契約窓口ごとに解約手続を進める
② 念押しとして、クレジットカードや口座をストップする
③ 15か月程度は対応漏れに備えておく

1 契約窓口ごとに解約手続を進める

サブスク等の解約は、サービスの提供元ではなく、サービスを契約した窓口で行うのが原則です。例えば、App Store（アップストア）から動画配信サービスの課金制アプリをインストールした人が亡くなった場合、解約手続は動画配信サービスではなく、App Storeの窓口で行います。

一方で、前述のMicrosoftアカウントのようにお金の流れを断てば契約終了とするものもあるので、大変ではありますが、個々のスタンスを調べる姿勢が理想です。

COLUMN

放置アカウントを停止措置する動きも

動画配信サービス「Netflix」は、2020年5月から、一定期間アクセスしていない有料アカウントを休止する措置を実施しています。

入会から1年以上、もしくは直近で2年以上アクセスのない有料アカウントには、メールとアプリで契約の継続を尋ねるメッセージを送り、反応がない場合はアカウントを自動的にキャンセルして課金を止める仕組みです。キャンセル後も10か月以内に再契約すれば、元の視聴履歴などを復元できます。

サブスク契約とお金の流れ

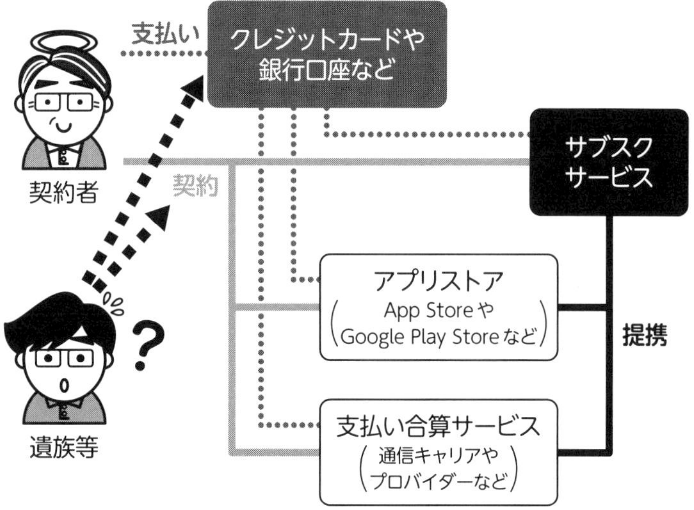

2 念押しとして、クレジットカードや口座をストップする

サブスク等を調べる過程で、引き取るべきデータが見つかることもあります（下記コラム参照）。そのためもあり、お金の流れを断つ手段は上記の調査を経た上で行うのがよいでしょう。

COLUMN

データを置いてきぼりにするリスクも

クラウドサービスやレンタルサーバーのように、データを保存する機能をもつサブスクサービスは、データをダウンロードする前に解約してしまうと二度と取り出せなくなる危険があるので注意が必要です。

サブスク契約を断つ流れ

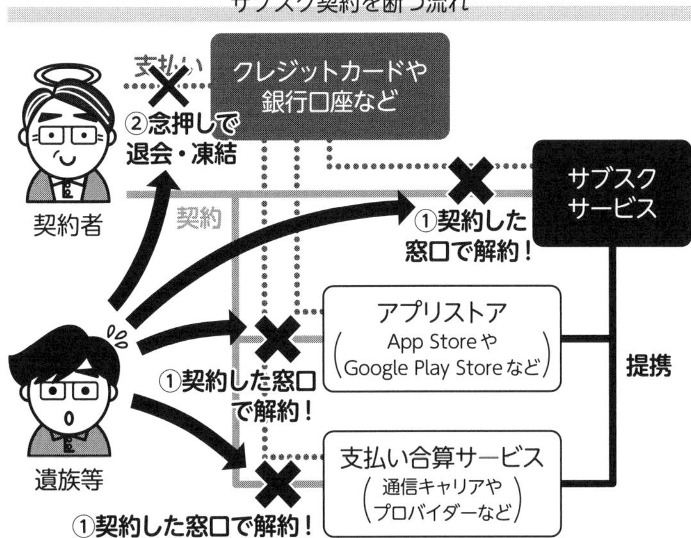

3 15か月程度は対応漏れに備えておく

気づかれないために正規の解約手続ができず、お金の流れだけ止まった場合、アカウントの登録住所に請求書が郵送されるといったケースもあります。

年額支払いが確定したばかりで亡くなった場合、翌年の支払い時期は１年後からその翌々月あたりになる可能性があります。そうした動きを想定しておけば、忘れた頃に請求書が届いたとしても冷静に対応できるはずです。

③ サブスク等の定額課金サービスの残しかた

やがて契約を残す立場でサブスク等を考えると、とりわけ重要なのは契約中のサブスク等を日頃から整理しておくことです。

サブスク等には①自分が動けなくなったときに解約されても家族や仕事仲間が困らないものと、②そうではないものがあります。②に該当する契約だけでも、有事の際に家族等に存在が知れるよう備えておきましょう。

「スマホのスペアキー」（189頁参照）を活用するのもよいですし、信頼のおける人に普段から伝えておいたり、チームで運用できるサービスであれば、自分以外の管理人を指定しておいたりする対策も有用です。

自分の没後はお金の流れはいずれ止まります。残された人たちに託すべきものがそこに残る可能性があるのなら、きちんと備えておくべきでしょう。

3 有料コンテンツを購入している場合

1 有料コンテンツの探しかた

購入時にのみお金がかかる有料コンテンツ（いわゆる買い切り型のサービス）は、有料アプリや電子書籍、動画、楽曲など多岐にわたります。ゲーム内の有料アイテムもこの範ちゅうに含まれるでしょう。

それらのコンテンツに対応するアプリやサービスにログインして、購入履歴を調べるのが最も確実な方法といえます。

2 有料コンテンツのしまいかた

買い切り型のサービスをわざわざ抹消する必要は基本的にありません。買い切り型のサービスにおいては、各コンテンツの使用権等を販売するスタンスをとっており、利用規約上、購入者（ユーザー）が亡くなった時点で使用権等が自動的に消滅すると規定されているケースが多いためです。

一方で、費用がその後も必要になるわけではないため、積極的に抹消する必要性が生じないのです。

3 有料コンテンツの残しかた

上記の事情から、有料コンテンツを残された側に託すといった行為は難しい場合が多いのが実情です。

有料アイテムが流通している一部のゲームは購入したコンテンツの譲渡を認めているため、利用規約によっては引き継ぎが可能なケースもありますが、これはまれです。

託したいデジタルコンテンツがある場合は、そのコンテンツが使えるサービスの利用規約やQ&Aページから死後の対応を調べておくのがよいでしょう。

なお、NFT（非代替性トークン、160頁参照）はこの限りではありません。

COLUMN 

運営元の方針で変わる相続性

購入したコンテンツの相続を明確に認めていたサービスも、かつてはありました。2000年から提供している古株の電子書籍販売サイト「eBookJapan」です。

eBookJapanは故人が残したアカウントを遺族が引き継げるように設計していました。アカウントを相続すれば、故人が購入した電子書籍の閲覧権が遺族にわたる仕組みです。

しかし、2019年に一身専属性で運営している「Yahoo! ブックストア」と統合したことを契機に、この仕組みは失われました。

ちなみに、それまでも遺族による相続の相談は届いていなかったそうです。

デジ弁からのアドバイス

■各論03　有料サービスを利用している場合

携帯電話・スマホの通信通話契約については、故人の状況把握やインターネットサービス解約のための二段階認証等に必要となる可能性があるため、「デジタル遺品の全容がある程度つかめる」まで残しておくとよいでしょう（104頁参照）。

一方で、サブスク等の定額課金サービスについては、特に故人のビジネス目的でこれらのサービスを利用されていた場合には注意が必要です。万が一の際、定額課金が止まることでサービスが強制終了してしまい、事業活動がストップしてしまうおそれがあるためです。

そのため、個人事業主（士業の先生も含みます。）や中小企業の経営者については、万が一の際に、ご自身のビジネスに支障が生じないよう、各アカウントについて相続の可否を確認しつつ（24頁）、業務の引継ぎができるよう準備しておくとよいでしょう。

インターネットを利用した事業（副業）をしている場合

デジ郎の死亡から１週間後……

息子デジ太

そういえば、父さんはサラリーマンだったけど、なんかいろいろと副業をやっていたよね。

妻デジ子

そうね。なんか、誰も見ないYouTube（ユーチューブ）動画とか撮っていたわね、なんだっけ……。

定年サラリーマンの孤高のヒルメシだっけ、なんか、昼ご飯をぶつぶつ言いながら食べて……。

あんな気持ち悪いの、誰も見ないわよね？まったく……。

ちゃんとYouTube解約したの？

え、していないけど……必要かな。

YouTubeから収入を得ているかもしれないから確認した方がいいんじゃない？

ふーん、確認してみるわ。

あと、同じ内容のブログやっていたよね、グルメサイト的な。

あー誰も見なそうなやつね。

アフィリエイトやっているかもしれないから、確認してみたら？

アフィリエイトって何？

要するにネット広告のことだよ。
広告収入が入っているかも。

えええ、そんな収入あったの？　信じられない。

いやいや、念のため確認したらってこと。

でも、毎月数万でも入ってくるのであれば
家計が助かるわ。

そういえば、フリマアプリとかで
不用品を売ったりしてた？

フリマアプリって、メルカリとか？

そうそう。最近コンビニでも
梱包材を見かけるようになったね。

どうだろう……
不用品売買で儲けていたのかしら……
ひょっとして陰では転売ヤーを……。

調べてみないとだね。

天国から……

故デジ郎

くうううう……オレの超人気番組を
めちゃくちゃ言いやがって……。

デジ郎の父チチ郎

いや、わしも天国から見ていたが、おっさんが、
モノ食べながらぼそぼそ呟(つぶや)く動画なんて、誰が……。

いや、オレのような味のあるオッサンが、孤高に食を楽しむ姿が……。

にしても、仕事以外にいろいろとやっていたんだね。

まぁね。

その情熱をちょっとでも……いや、何でもない。
ネットで活動していると、遺族は大変なんだよな。

なんで？

いや、活動を一つずつ調べないといけないし、解約手続も面倒だし。

実は、アフィリエイトは、
いい定期収入になっているんだよね。
だから、デジ子もオレに感謝するだろう。

あーアフィリエイトは、
相続できないケースも多いから、
デジ子さん受け取れないかもよ。

え？　なんで??　あのサイトを構築するのにどれくらい時間がかかったことか……。

まぁ、利用規約に何と書いてあるかだと思うよ。

覚えていないな……。

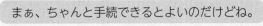

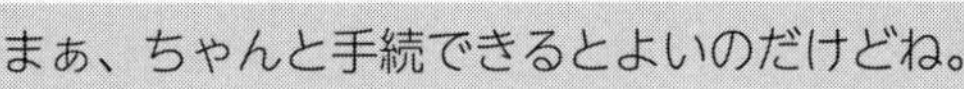

まぁ、ちゃんと手続できるとよいのだけどね。

本章の目次

はじめに

インターネットを利用した事業（副業）は、年々バリエーションが広がっており、もはや誰が実践していても不思議ではありません。

最近では、配信した動画の再生数等に応じて広告収入を得る、いわゆる「YouTuber（ユーチューバー）[1]」が目立っていますが、ブログやホームページ等にネット広告を貼って成功報酬を得るアフィリエイト（アソシエイト）は四半世紀の歴史があります。

また、フリマアプリ[2]やオークションサイト（以下、「フリマアプリ等」といいます。）を使って不要品やハンドメイド品を販売するのも一種の事業（副業）の範ちゅうに含まれると考えてもよいでしょう。

そのほか、イラストや文章、プログラミングの作成などの作業を、インターネットを通じて不特定多数の人々に発注する仕組みである「クラウドソーシング」も利用者が安定して伸びています。

こうしたネット環境下の事業活動の主な形態について、探しかた、しまいかた、残しかたを見ていきましょう。

1） YouTuberとは、一般的にYouTube上での動画公開により収益を得ている方（YouTubeパートナープログラムの審査を通過している方）のことを指しますが、ここでは後述の審査を通過していない方も含むものとします。

2） オンラインで個人間による商品等の売買を行うことができるサービスのことを指します。2018年暮れから終活や生前整理のツールとして注目されるようになり、シニア層にも急速に普及しています。

1 YouTuberをしている場合

1 YouTuber活動の探しかた

YouTube（ユーチューブ）は動画配信や動画へのコメント投稿などを中心にしたSNSの一つです。ログインせずに動画視聴することもできますが、収益を得ているなら、Googleアカウントを登録し、自分のページをもっているはずです。

故人によるYouTuber活動の有無（YouTube上のチャンネルの有無）を調査する方法は、以下のとおりです。

> ①　YouTube上で、名前等から故人のチャンネルを探す方法
> ②　友人に確認する方法
> ③　預貯金口座において、Googleからの振込みを確認する方法

まずは、YouTubeにアクセスし、故人の氏名や事業等の名称等から故人のチャンネルを探すこととなるでしょう。見つからなければ、故人が生前親しくしていた方にYouTubeチャンネルの有無を尋ねる等、調査の協力をお願いするのも一つの方法です。また、故人が、YouTuberとして収益を得ている場合、Googleからの定期的な振込みが確認できるはずですので（通帳などの口座の取引履歴には、「グーグル（ド」と表示）、お金の流れからも確認することが可能です。

YouTubeで収益を得るには「YouTubeパートナープログラム」という厳しい審査を通過する必要があります。2024年１月

時点では、チャンネル登録者数500人以上、動画の総再生時間3000時間以上などが最低条件になるので、故人のYouTubeチャンネル情報をチェックしてみるとよいでしょう。

YouTuberの収益の種類

YouTubeパートナープログラムの審査が通ると、動画広告の再生回数等に応じて支払われる広告収入のほか、生配信などに付属するチャット機能（スーパーチャット。略して「スパチャ」）で視聴者から直接お金（投げ銭）を受け取ったり、月額制の特別ページの登録者数に応じてメンバーシップ費を得たりもできます。

このため、スーパーチャットやメンバーシップ機能の痕跡から、収益の有無を推測するといったこともできそうです。

2 YouTuber活動のしまいかた

YouTubeチャンネルは、当人の生死と連動しないので、視聴者に利用されている限り、収益が上がり続けることも考えられます。ただし、振込口座が凍結されてしまうと、YouTubeからの収益の振込みができなくなってしまいます。

残されたYouTubeチャンネルを処理する場合は、Googleアカウントヘルプにある「死去したユーザーのアカウントに関するリクエストを送信する」ページにアクセスして、Googleに対して各種のリクエストを行う必要があります。

死去したユーザーのアカウントに関するリクエストを送信する

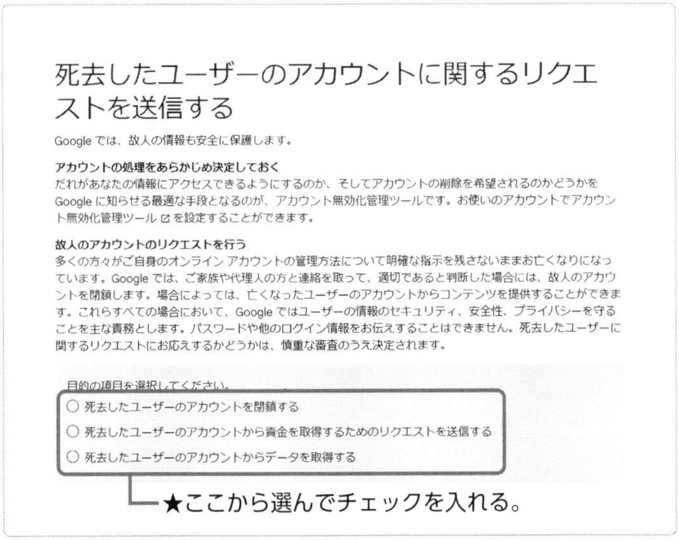

死去したユーザーのアカウントに関するリクエストを送信する

Google では、故人の情報も安全に保護します。

アカウントの処理をあらかじめ決定しておく

だれがあなたの情報にアクセスできるようにするのか、そしてアカウントの削除を希望されるのかどうかを Google に知らせる最適な手段となるのが、アカウント無効化管理ツールです。お使いのアカウントでアカウント無効化管理ツールを設定することができます。

故人のアカウントのリクエストを行う

多くの方々がご自身のオンライン アカウントの管理方法について明確な指示を残さないままお亡くなりになっています。Google では、ご家族や代理人の方と連絡を取って、適切であると判断した場合には、故人のアカウントを閉鎖します。場合によっては、亡くなったユーザーのアカウントからコンテンツを提供することができます。これらすべての場合において、Google ではユーザーの情報のセキュリティ、安全性、プライバシーを守ることを主な責務とします。パスワードや他のログイン情報をお伝えすることはできません。死去したユーザーに関するリクエストにお応えするかどうかは、慎重な審査のうえ決定されます。

目的の項目を選択してください。

- ○ 死去したユーザーのアカウントを閉鎖する
- ○ 死去したユーザーのアカウントから資金を取得するためのリクエストを送信する
- ○ 死去したユーザーのアカウントからデータを取得する

★ここから選んでチェックを入れる。

出典：Googleアカウントヘルプ「死去したユーザーのアカウントに関するリクエストを送信する」

ここで下記３つの選択肢から目的を選び、各目的に応じて必要な書類をアップロードして、Googleの個別審査を待つ流れになります。なお、いずれの目的でも死亡診断書などの公的書類は専門家が翻訳した公証済みの英訳が必要になります。

① 死去したユーザーのアカウントを閉鎖する

② 死去したユーザーのアカウントから資金を取得するためのリクエストを送信する

③ 死去したユーザーのアカウントからデータを取得する

なお、審査はあくまで個別に判断しているそうです。2020年6月、筆者（古田）の取材に対して、Googleはこう回答しています。

「逝去されたユーザーの方のアカウントに関しては、ご家族や代理人の方からの情報を基に、適切であると判断した場合には、故人のアカウントの閉鎖、データの取得、収益に関するリクエストを行うことができます。逝去されたユーザーに関するリクエストは、ユーザーの情報のセキュリティ、安全性、プライバシー保護の観点より、慎重な審査のうえ決定しています。」

3 YouTuber活動の残しかた

本業または副業として、自身がYouTubeで収益を上げているなら、死後に希望する処理方法も含めて家族に伝えておくのが最も簡単で確実な方法といえます。

他のデジタル遺品に関しても同じことがいえますが、没後に最も素早く対応してくれるのは家族です。自分の身に何か起きたとき、いかに家族に伝わるようにするか（対応してくれるようにするか）が重要になります。

口頭で伝えておくのもいいですし、エンディングノート等に記載しておくのも有効でしょう。

COLUMN

アカウントを法人化する手も

YouTubeは法人アカウントで活動することもできます。チームで一つのチャンネルを展開するため、あるいは節税のために法人化したと思われるケースもあります。加えて、自分の死後にアカウントを引き継ぎやすいというメリットもあります。

いざというときも、一緒に撮影している仲間や活動の事情を理解している家族に柔軟に関わってもらうことができるため、終活の観点でも選択肢が広がります。

「このメールが届いた頃、僕は……」

「Googleアカウント無効化管理ツール」（192頁参照）では、個々の相手に用意したメッセージを自動で送ることができます。メッセージは自由形式なので、「このメールが届いた頃、僕はもう亡くなっているかもしれない。……」といった内容を添えることも可能です。

使い方次第で、心情を綴(つづ)ることもできますし、将来デジタル遺品となるデジタル財産などの情報をまとめて、漏れがあったときのフォローを施すこともできます。

2 アフィリエイトをしている場合

1 アフィリエイト活動の探しかた

アフィリエイト（アソシエイト）とは、ブログやSNS、ウェブサイト、メールマガジン（以下「メルマガ」といいます。）等に貼った広告の成果に応じて報酬が受け取れるサービスを指します。広告の表示回数や読者によるクリック回数、購入された商品の売り上げの一部など、報酬の条件は様々ですが、契約者が自ら発信する場を舞台にネット上で展開される点に違いはありません。

以下の２つの方法で、故人のアフィリエイト活動を調査することとなります。

① 故人のウェブサイト等から広告を確認する方法
② お金の流れからアフィリエイト活動を把握する方法

1 故人のウェブサイト等から広告を確認する方法

まずは、故人が残したブログやSNS、ホームページを見つけて、表示されている広告から契約しているアフィリエイトサービスを突き止める方法です。

ブログやホームページなら、バナー広告や、記事内の埋め込み広告を探します。ただし、無料ブログや無料ホームページ作成サービス等を使っている場合は、運営元による「利用者に無料で提供するため」の広告も貼られていることがよくあります。このため、複数ある広告から、故人が契約して報酬を得ているアフィリエイトを見つけ出す必要があります。

SNSでのアフィリエイトは、投稿記事に紹介文つきで広告用のURL（ユーアールエル）を貼り付けるタイプが一般的です。特定の商品やサービスをプッシュする投稿の頻度がヒントになることもあります。2023年10月１日施行のいわゆるステマ規制により、アフィリエイト用の投稿に「PR」「広告」や「【PR】」などと記載することが求められることとなりましたので、それらのキーワード（「PR」や「広告」など）でサイト内検索をかけるのも有効かもしれません。

一般公開されていないメルマガの場合は、登録サイトを調べたり受信メールを確認したりするのが一般的といえます。

また、パソコンやスマホにサイトへの投稿履歴等が残っていたら、そこから探し出す手もあります。

2 お金の流れからアフィリエイト活動を把握する方法

次に、他の収入でも共通していますが、口座への振込名義から割り出す方法です。預貯金口座の履歴をつぶさに調べていきましょう。YouTuberのパート（119頁参照）で触れたとおり、Googleのアフィリエイトプログラムである「Googleアドセンス」なら「グーグル（ド」などと表示されます。同じくAmazonの「Amazonアソシエイト・プログラム」なら「アマゾンインク」などと表示されているはずです。

なお、アフィリエイトの収益は毎月定額が振り込まれることはまれで、毎回金額にばらつきがあったり、数か月に一度程度の割合で振り込まれたりすることが多くあります。これは、成果報酬のため報酬が一定しないことと、報酬が一定額に満たない月は翌月以降に振込みが先送りされる規約になっているケースが多いことが関係しています。

2 アフィリエイト活動のしまいかた

1 遺族からの申告

アフィリエイト・サービス・プロバイダ[3)](ASP) 側も、やはり契約者の安否を知る仕組みはないので、遺族からの申告で契約者の死亡を把握するケースがほとんどです。

2 ユーザー死亡後の対応について

(1) 死後の対応

契約者の没後の対応は運営元の規約によって異なります。Amazonアソシエイト・プログラムのように、アカウントの名義や振込先の変更申請を受け付けているサービスは少なく、最も多いのは死亡時に契約終了となるタイプとなります。この場合、契約者が亡くなった時点で報酬を受け取る権利も失効するのが一般的です。

(2) サポート体制

また、サポートの手厚さもサービスごとに大きな差があります。Googleアドセンスのように専用フォームが用意されているのは珍しい部類に入ります。FAQページや利用規約に会員死亡時の対応を明記していないケースの方が多いのが現状です。

サポートページで「死亡」や「相続」などのキーワード検索がかからない場合は、メールや電話で個別に問い合わせるのが早道です。

---

3) ASP(アフィリエイト・サービス・プロバイダ)とは、広告主とアフィリエイター(広告を掲載する人)を仲介する業者を指します。

3 お金の流れにはご用心

ユーザー没後も死亡の連絡がなされず、アフィリエイトに関する契約が継続し、振込先口座も機能している場合は、広告報酬に応じて支払いが続くことになります。しかし、前述のとおり一身専属契約である場合には、事後的に不正な状況をとがめられる危険があります。

継続性のあるお金の流れは、出る方向も入る方向も早めに把握することが大切です。その上で状況に応じて、窓口に相談したりサイトを閉じたりといった措置を検討しましょう。

3 アフィリエイト活動の残しかた

第一にすべきなのは、自身が契約しているアフィリエイトサービスの死後対応を確認することです。その上で選べる道筋を踏まえ、適切に備えましょう。

一身専属性で名義変更や譲渡を認めていない場合は、死後に誰にも気づかれないままになってしまうと、家族にも運営元にも迷惑をかけてしまうおそれがあります。

日頃から家族と話をしておいたり、エンディングノート等に「契約解約必須」と備考を添えて記載しておいたりする気遣いが求められます。

名義変更が可能な場合は、家族が希望するなら選べるように道筋を残しておくのが親切でしょう。メモの備考欄に「名義変更可」と添えておくのがよいかもしれません。

3 フリマアプリ等を活用している場合

1 フリマアプリ等の探しかた

フリマアプリ[4]等を利用している人が、取引の最中に亡くなるケースもあり得ます。売り手として品物を発送しなければならなかったり、買い手として金額を振り込まなければならなかったり、と状況は様々です。

フリマアプリ大手の「メルカリ」「楽天ラクマ」や「Yahoo!フリマ」、ネットオークション大手の「Yahoo!オークション」などはトラブルを回避する対策を講じていますが、遺族の立場でもいち早く現状を把握したいところです。

故人のフリマアプリ等の利用の有無については、以下の方法で確認されるとよいでしょう。

① アプリ一覧でチェックする方法
② ブラウザーでチェックする方法
③ お金の流れから把握する方法

1 アプリ一覧でチェックする方法

フリマアプリ等は、スマホに専用アプリを入れて利用している人が多くを占めます。故人のスマホを開いてインストールされているアプリを網羅的にチェックして、フリマアプリ利用の有無を確認しましょう。

4） 前掲脚注2）参照。

2 ブラウザーでチェックする方法

パソコンでフリマアプリやオークションサイトを利用していることもあります。この場合はブラウザーの「ブックマーク」や「お気に入り」を確認しましょう。

直近の取引を確認するなら、ブラウザーの閲覧履歴をたどるのも効果的です。また、メールソフトを立ち上げて、送受信済みのメールを「出品」「落札」「入札」といったキーワード、あるいはサービス名で検索をかけるのも有効です。

3 お金の流れから把握する方法

アフィリエイトと同じく、お金の流れから把握する手もあります（125頁）。

ただし、「メルカリ」におけるメルペイや「PayPayフリマ」におけるPayPayなど、同グループの決済サービスでやりとりしていることも多く、クレジットカードや預金口座に固有の履歴が残らない可能性があることは留意しておきましょう。

2 フリマアプリ等のしまいかた

遺族の立場で特に急いで確認したいのは、現在進行形の取引の有無です。

アプリに取引相手からのメッセージが大量に届いていたり、運営元から通知が届いていたりした場合は、関係各位に現状を伝えて事態の収拾に努めることになります。まずはサービス提供会社に問い合わせましょう。その上で利用規約上問題がなければ代理としてアプリにログインし、差し障りがありそうなら遺族個人の連絡ツールを使うなどしてやりとりします。

故人が出品者側の場合で、買い手や落札者が確定している状況なら、先方に事情を伝え、相続人として可能な限りの手を打ちます。成立前の出品商品は速やかに取り下げたいですが、取引検討中の利用者から質問等が届いている場合は一言（ひとこと）添えて撤退するのが無難だと思います。

なお、相続放棄を視野に入れている場合、フリマアプリ等の事後処理については関与しない方がよいでしょう。

1 フリマアプリ残高のしまいかた

商品の売買代金（売上残高）は、いったん各サービス内でプールし、振込申請をすると指定口座に送金されるという仕組みが一般的です。残高がある場合はすべて振込処理としたいところですが、指定口座が凍結済みの場合は処理できません（規定により「1000円以上」「１万円以上」など一定額に達しないと振込みができない仕様のサービスもあります。）。

この場合は遺族として運営元に相談し、適切な処理方法を尋ねるのが最も確実です。サービス内のポイントは換金されないことが多いですが、売上残高は所定の手続を踏めば代表相続人の口座に振り込んでくれます。

なお、前述のように、売上げをメルペイやPayPayといったキャッシュレス決済サービスにチャージしているケースもあります。この場合はキャッシュレス決済サービス側での手続となるので、後掲の各論06（164頁）を参照してください。

3 フリマアプリ等の残しかた 

フリマアプリ等のアカウントについては、各サービス提供会社の運用上、相続の対象とはならないというスタンスをとっているケースが多く、相続人へのアカウントの引継ぎは認められない可能性が高いといえます。

取引中に自分が死亡したり身動きがとれなくなったりする事態に備え、日頃から家族に利用しているフリマアプリを伝えておきましょう。また、本書の巻末に載せている「スマホのスペアキー」(189頁参照)を作っておけば、いざというときには家族がスマホの調査を通して使用状況を把握してくれる可能性も高まります。

COLUMN

残高を残せるサービスが増えている

フリマアプリやキャッシュレス決済サービスなど、個別に残高を貯めておけるサービスが増えています。ちょっとした残高があると各サービスを利用するのに便利ですが、死亡時にお金の置き場所があまりに分散していると、遺族の手間がかさんでしまいます。

「5万円を超えた分は口座に振り込む」「半年に一度は振込み処理する」など、無理のない範囲で自分流のルールを決めておくのが親切かもしれません。

4 クラウドソーシングで仕事をしている場合

1 クラウドソーシングの探しかた

故人のクラウドソーシングの利用の有無については、以下の方法で確認されるとよいでしょう。

① アプリ一覧でチェックする方法
② ブラウザーでチェックする方法
③ お金の流れから把握する方法

クラウドソーシングで仕事をしているなら、「クラウドワークス」や「ランサーズ」「ココナラ」などの仲介サービスと契約していることがほとんどです。

スマホのアプリ一覧やブラウザーのブックマーク（お気に入り）で、各仲介サービスの利用履歴等が見つかれば手っ取り早いのですが、預貯金口座の入金履歴から長期的に利用している仲介サービスを見つける手もあります。

アフィリエイトや他の収支サービスをまとめてチェックするのが効率的でしょう。

2 クラウドソーシングのしまいかた

故人が利用していた仲介サービスが分かれば、サポート窓口に連絡して死後処理の方法を確認するのが確実です。

一般的に、クラウドソーシングの報酬は納品した仕事に対して支払われるので、（受注を受けた仕事がすべて終了している限り）

契約者の死亡により対価の支払いがストップすることはありません。所定の手続を経れば、残高がある場合には、相続人の口座に支払われることとなります。また、預金口座を持たない会員が亡くなった場合でも、3～4か月以内に相談を受ければ遺族の指定口座に残高を振り込むなどの柔軟な対応をしてくれることもあります。

未納の仕事が残ったままになっている場合は、取引先になるべく早めに事態を知らせましょう。

なお、仲介サービスに届く遺族からの相談は、会員数100万人を超える大手であってもあまり多くはないようです。仕事を納めれば規定の期日に報酬が振り込まれる仕組みで、新規の仕事は自ら手を挙げなければ入ってこないという構造から、他と比べて遺族の不安の種になりにくいのかもしれません。

3 クラウドソーシングの残しかた

クラウドソーシングの仕事中に迷惑をかけるとすれば、家族よりも取引先になる可能性が高そうです。仕事を請け負って納品するまでの期間は、不測の事態に陥った場合には、その状況がいち早く先方に伝わるように日頃から配慮すべきでしょう。

家族にそれとなく進行中の仕事のことを伝えることができるに越したことはないですが、進行中の仕事のファイルはスマホやパソコンの目立つ場所に置いておく習慣をつけておくだけでも、いざというときの対応に大きな差が出るといえます。

COLUMN 

クラウドファンディングの痕跡も要注意

インターネットを使ってお金を集める手段としては、「クラウドファンディング」も急激に成長しています。「多くの人に便利な道具を作りたい」「一大イベントを実施したい」など、立案した企画に対して不特定多数の賛同者から出資してもらう仕組みです。「READYFOR（レディフォー）」や「CAMPFIRE（キャンプファイヤー）」「Makuake（マクアケ）」など大手サービスでも個人で始められます。

そうしたプロジェクトを立ち上げて資金を募っている最中に、もし主催者が亡くなってしまったら……。

プロジェクトの中止を原則として受け付けていないサービスでも、主催者が亡くなり、引き継ぐメンバーがいないというやむを得ない事情には応じてくれます。事態を把握したら、運営元と相談して公開ページに中止の旨を記載し、返金手続などを進めることになるでしょう。

デジ弁からのアドバイス

■各論04　インターネットを利用した事業（副業）をしている場合

故人が副業をしていた場合、一番のポイントは、各種サービスの解約以外に、故人が亡くなった後に対応すべき事項があるかどうかです。

故人が、フリマアプリ、クラウドソーシング等をやっていた場合、契約相手との間でトラブルになるおそれがありますので、注意が必要です。

なお、副業に限らず、故人が事業をしている場合（故人が中小企業の経営者であった場合を含む。）には、銀行から借入をしていたり、会社の銀行借入の連帯保証人となっていたりする可能性もあります。遺族は、「大した財産はない」等とプラスの財産に関心をもちがちではありますが、マイナスの財産の有無についてもしっかりと調査をしておくとよいでしょう。

投資・資産運用をしている場合

デジ郎の死亡から2か月……

妻デジ子

四十九日も終わったし、
そろそろ相続を考えないといけないわね。

息子デジ太

父さんの遺産って、
実家の不動産と預貯金くらい？

そうね……。そういえば、お父さん、
ネット証券口座とか持っていなかったのかしら。

そういえば、よく株価なんか見てたよね。

どこのネット証券会社を使っていたか、
知ってる？

そこまでは知らないな……。
パソコンのブラウザーのブックマークに
登録されているんじゃない？

ぶらうざー？　何それ？　強そうな名前ね。

インターネットを見るためのソフトだよ、
Google Chrome（グーグル クローム）とかSafari（サファリ）とか……。

あーインターネットエクスプローラー[1)]のこと？

そうそう。

1）　Microsoftのかつての標準ブラウザーであるInternet Explorerのこと。現在はEdgeというブラウザーが標準装備されています。

ブックマークって、お気に入りのこと？

そうだね。
よく見るサイトは登録しているはずだよ。

ありがとう、見てみるわ。
でも、パソコンは共有にしてたから、
スマホで見ていたかも。それだと分からないわ。

ネット証券であっても、口座開設時の資料は自宅に
届いているはずだから、見つかるかもしれないよ。

そんな資料は今のところ出てきていないわね。

父さんの銀行口座の通帳に、証券会社からの
入金とかない？　その方が早いかもしれないな。

直近の通帳には、なかったわね。
探してみるわね。

あとは……もしも上場企業の株式投資をしていた
のであれば、『ほふり』に問い合わせをすれば、
どこの証券会社を使っていたか分かるみたいよ。

ほふり？

証券保管振替機構のことだよ。
上場企業の株式等の管理をしている機関だよ。

いろいろ面倒ね。これだけ調査して、
たった数十円しか残高なかったら、
天国で文句言ってやる。

死んでも文句を言われるのか……。
大変だな、父さんも。

天国から……

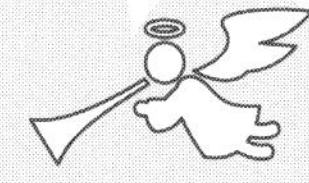

オレのへそくりが見つかってしまう……。

死んだ人間にへそくりも何もないわ。
にしても、お前が投資とはな……。

投資じゃなくて、
資産運用ね。いろいろ勉強したんだぜ。

にしても、ちゃんと
証券会社名だけでも共有しておかないと、
遺族は本当に困るんだよな。

まぁ、確かに、色々と大変そうだね。
まぁ、へそくりだったから、
共有するつもりもなかったけど。

なんてやつだ……ところで、
デジ子さんは証券口座をもってるの？

さぁ、持っていないんじゃないかな。

それだと、証券口座を作るところから
始めないといけないから、
さらにまた面倒になるな。

こういうことなら、
デジ子にも証券口座を開設させて、
指導しておくんだったよ。

ところで、お前
ビットコインとかは、やっていたのか？

いや、だいぶ前に売り抜けたよ。
急騰したとき、
またやろうと思っていたんだけどね、
やってたら今頃……。

そんなことは、神の味噌汁だな。

神のみぞ知る、だろ。
相変わらずだね！

本章の目次

はじめに

ネット証券で口座数トップとなるSBIグループは、2023年３月のリリースで1000万口座を突破したと発表。また、ネット証券２位の楽天証券も、2023年５月には、証券単体で国内最多となる900万口座を達成。2024年からの新NISA開始も始まる中で、SBI証券や楽天証券は2023年秋より、日本株の売買手数料を無料に踏み切っており、ネット証券の口座開設数は、今後さらに拡大するものと思われます。

一方で、ネット証券の口座開設者の中には、家族には内緒でこっそりやりたいという方も多いようです。

故人からネット証券の話なんて聞いたことがないから、「ネット証券なんてやっていないだろう」ではなく、「ひょっとしたらネット証券をやっているかもしれない」という意識をもっておかれるとよいでしょう。

故人の財産状況を把握し、適切に相続手続を行うため、ネット証券から暗号資産といった、投資や資産運用に関するデジタル遺品の探しかた、しまいかた、残しかたを見ていきましょう。

COLUMN 

家族に内緒で証券口座開設なんてできるの？

従前は、ネット証券会社で証券口座を開設する場合、口座開設手続をネット上だけで完結することはできず、最初の「口座開設完了資料」（口座開設通知等）については、自宅まで転送不要の簡易書留郵便で郵送されていました。家族に内緒で口座開設するため、他の家族が家にいない日や時間帯を見計らって郵送を手配してもらうというケースもありました。

最近は、証券口座開設をすべてウェブ上で完結することができるネット証券会社も出てきたため、より「家族に内緒で証券口座開設すること」が容易になりました。

1 ネット証券口座を持っている場合

1 ネット証券口座の探しかた

故人のネット証券口座を探す場合には、以下の方法で調査するとよいでしょう。なお、利用している証券会社の「名前」さえ分かれば相続手続は可能なため、IDやパスワードまで突き止める必要はありません。

① 故人のパソコンやスマホの履歴、アプリ等を確認する。
② 口座開設資料や、その他証券会社からの書面を確認する。
③ 故人の預金通帳において、証券会社に関する入出金の有無を確認する。
④ 証券保管振替機構（ほふり）へ問い合わせる。

1 故人のパソコンやスマホの履歴、アプリ等を確認する

ネット証券口座を開設している場合、故人のパソコンやスマホの中に、取引証券会社に関する手がかりが残っている可能性があります。

以下のような手法を用いて、取引証券会社名を特定するとよいでしょう。なお、パソコンやスマホ等にログインできない場合は、前掲の各論01（30頁以降）をご参照ください。

⑴ パソコンの場合

① ブラウザーのブックマークやお気に入り等で、証券会社のホームページが登録されていないかどうかを確認する。

② ブラウザーの履歴で、証券会社のホームページへアクセスしていないかどうかを確認する。

③ Google等の検索履歴で、証券会社の名前を検索していないかどうかを確認する。

④ 受信済みのメール履歴から「証券」等のワードで検索し、証券会社からのメールが来ていないかどうかを確認する。

⑤ パソコン内の検索機能により、「証券」というキーワード等で検索し、「証券」という名称のついたファイル等の有無を確認する。

⑵ スマホの場合

① ネット証券に関するアプリの有無を確認する。

② ブラウザーのブックマークやお気に入り等で、証券会社のホームページが登録されていないかどうかを確認する。

③ ブラウザーの履歴で、証券会社のホームページへアクセスしていないかどうかを確認する。

④ Google等の検索履歴で、証券会社の名前を検索していないかどうかを確認する。

⑤ 受信済みのメール履歴から「証券」等のワードで検索し、証券会社からのメールが来ていないかどうかを確認する。

2 口座開設資料や、その他証券会社からの書面を確認する

ネット証券会社の口座開設においては、本人確認のため、転送不要の簡易書留郵便で、自宅まで書類が郵送されることがあります。

また、口座開設後の連絡について、ネット証券会社から、自宅宛てに各種書類等を郵送してもらうよう設定しておくことも可能です。

そのため、口座開設時の資料（口座開設完了資料）やその他証券会社からの郵送物が、故人の自宅に存在する可能性があります。これらの資料を発見することができれば、取引証券会社名を特定することが可能です。

3 故人の預金通帳において、証券会社に関する入出金の有無を確認する

故人の銀行口座から、ネット証券口座に対し、投資用資金等のための入出金取引がなされている場合があります。ネット証券口座の有無を確認するべく、通帳や取引明細等で「証券会社」の名前を確認しましょう。

また、株式投資による配当等が銀行口座へ入金されているケースもあるので、「○○信託銀行証券代行部」等という表記も合わせて確認されるとよいでしょう。

なお、配当等については、証券口座へ直接入金させることも可能であり、開設当時の証券口座への入金しか取引が存在しないケースもあります。できる限り過去に遡（さかのぼ）って確認するとよいでしょう。

4 証券保管振替機構（ほふり）へ問い合わせる

証券保管振替機構は、上場企業の株式等の総合的な証券決済インフラ業務を行っています。端的にいえば、上場企業の株式等の所在をすべて把握している組織となります。

遺族は、証券保管振替機構に対し、故人が保有していた上場企業の株式等に係る口座が開設されている証券会社名等を確認することができます（これを「登録済加入者情報の開示請求」といいます。）。

このような開示請求により、故人が使用していた取引証券会社名を特定できる可能性があります。

なお、故人が、非上場の投資信託や外国株式、国債、社債等にのみ投資をしている場合には、証券保管振替機構においても情報をもっておらず、証券会社名を特定することができない可能性があります。

COLUMN 

最後の手段

現在、ネット証券会社は多数ありますが、大手としては、SBI証券、楽天証券、マネックス証券、松井証券、auカブコム証券の5社が挙げられます。

最後の手段として、この5社の相談窓口に個別に電話して、故人の証券口座の有無を確認する方法も頭の片隅に入れておきましょう。

電話だけでは証券口座の詳細までは教えてくれませんが、証券口座の有無については回答してくれます。

2 ネット口座のしまいかた

1 ネット証券口座の相続手続

ネット証券会社も、金融機関に変わりはありません。

そのため、一般的な銀行や証券会社と同様、厳格な相続手続を経る必要があります。

なお、証券会社における一般的な相続手続の流れは次のとおりです。

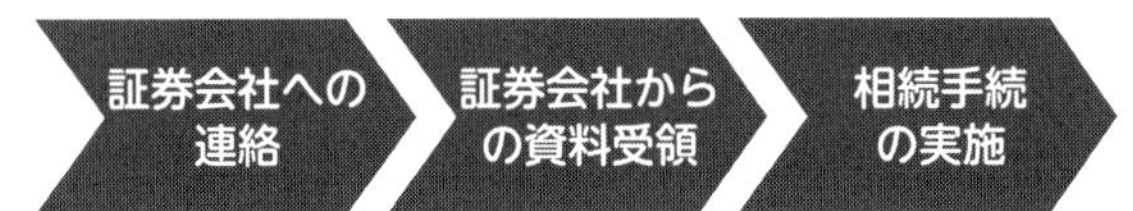

(1) 証券会社への連絡

まずは、証券会社に対し、故人が亡くなったこと（相続が開始されたこと）を連絡する必要があります。なお、相続に関する連絡方法については、各証券会社のホームページ等に記載されています。

証券会社は、連絡を受けた時点で、個人の証券口座を凍結し、相続手続へ移行することとなります。なお、故人がＦＸ（エフエックス）取引をしていた場合には、連絡を受けた日に手じまい（決済）されるケースが多いようです。

(2) 証券会社からの資料受領

相続開始により凍結された故人の証券口座に関しては、相続手続により、相続人へ引継ぎを行う必要があります。

そのため、証券会社から、相続人に対し、故人の証券口座の相続手続に関する必要資料が交付されます。

なお、ネット証券会社であっても、相続手続をインターネット上で完結できるわけではない点に注意が必要です。

⑶ 相続手続の実施

基本的には、証券会社より送付された相続手続に関する資料に基づいて、必要書類に必要事項を記入の上、必要資料等をそろえることとなります。

なお、必要資料については、各社で異なる可能性がありますが、一般的には、遺言書、遺産分割協議書のほか、印鑑登録証明書や戸籍謄本、住民票等が要求されるケースが多いようです。

また、故人の証券口座における各資産を引き継ぐために、一般的には引継ぎ先となる証券口座が必要となります。

証券口座、持っていますか？

証券口座を相続する場合、相続する相続人は、証券口座を保有している必要があります。そのため、証券口座を持っていない相続人が相続する場合には、別途証券口座を作る必要があります。

ネット銀行も同様に対処

以上、ネット証券口座の探しかたやしまいかたについて解説してきましたが、ネット銀行についても対応方法はほとんど変わりありません。

取引のあるネット銀行名を特定し、各金融機関の相続相談窓口等へ連絡を行って相続手続を行う流れとなります。ただし、遺族が同じ銀行の口座を用意する必要はありません。

なお、ネット銀行の場合、キャッシュカードが発行されるケースが多いため、遺品整理により「キャッシュカード」を探すところからのスタートとなるケースが多いと思われます。

最近では、キャッシュカードを発行しないネット銀行も増えてきたため、ネット証券口座と同様、①故人のパソコンやスマホの履歴、アプリ等を確認する、②故人の預金通帳において、他のネット銀行に関する入出金の有無を確認する等の対応もあわせて検討するとよいでしょう。

3 ネット証券口座の残しかた

日頃からどこの証券会社と取引をしており、どのような取引をしているかまで家族と共有しておくことが望ましいのは間違いありません。

しかし現実には、家族に内緒で投資している方がそのまま亡くなるというケースが少なからずあります。やはり不明な財産を抱える不安感など、余計なストレスを遺族に課すことになるので避けるべきでしょう。

ネット証券口座の相続で必要なのは、「証券会社名」だけであり、ID・パスワード等や具体的な取引内容については、情報共有する必要はありません。万が一の際に、せめて取引をしている「証券会社名」だけでも、以下のような形で遺族に伝えられるようにしておくとよいでしょう。

- エンディングノートへの記載
- 口座開設時の資料等の整理

• 預貯金通帳といった、死亡時に確認される可能性が高い書類等に、証券会社名等をメモ書きしておく

COLUMN

「証券相続」の今後について

今後、証券投資をしたことがない方が、突然多額の証券を相続した等というケースは増加していくと思われます。

このようなケースにおいて、相続人が「何の考えもなしに」証券を売ってしまい、後で「売るべきではなかった」と後悔する事例は多いようです。

証券は様々な仕組みがありますので、長期間保有するべき商品や満期まで保有しておいた方がメリットとなる商品もあります。

「あの時売っていなければ今頃……」ということにならないように、しっかりと証券分析をしてくれる専門家に相談されることをお勧めします。

COLUMN 

「デジタル証券」とは何か？

令和時代の新たな証券として、「デジタル証券」（セキュリティ・トークン）が注目を集めています。後述する暗号資産でも使われる技術によって偽装ができないように設計されており、不動産や債券などの資産を小口で取引できるのが特徴です。

従来の証券と似た財産でありながら、証券保管振替機構（ほふり）の管轄外になることや、デジタル通貨等を使って取引するな

どの特徴があります。

2 暗号資産（仮想通貨）を持っている場合

1 暗号資産の探しかた 

暗号資産（仮想通貨）は、ビットコインをはじめ、イーサ（イーサリアム）、リップル（XRP（エックスアールピー））、モナコインなど、様々な銘柄があります。それぞれにレートがあり、価値は日々変動しています。

暗号資産にも財産的な価値は認められており[2]、相続の対象となります。

暗号資産を処理する唯一の方法は、「秘密鍵」を保存した「ウォレット（財布）」を探し出すことです。

ウォレットにはいくつかのタイプがあり、見つけるにはそれぞれの特性を知る必要があります。

秘密鍵・ウォレットとは

「秘密鍵」とは、暗号資産の持ち主であることを証明するIDのようなもので、売買したり交換したりするのに欠かせません。秘密鍵さえ把握できれば、従来の持ち主と同等の権限を得ることができます。

「ウォレット」とは、秘密鍵を保管する、いわば入れ物です。

2） 資金決済に関する法律2条5項

ウォレットの種類については、次の解説とコラムをご参照ください。

1 ウォレットの種類

ウォレットは、大きく分けて「ホットウォレット」と「コールドウォレット」の２種類があります。

(1) ホットウォレットとは

「ホットウォレット」とは、暗号資産を流動性の高い状態で保管するタイプの「ウォレット」です。独立したサイトに保管する「ウェブウォレット（取引所専用のウォレットを含む。）」、専用アプリをスマホにインストールする「モバイルウォレット」、専用ソフトをパソコンにインストールする「デスクトップウォレット」などがあります。

頻繁に取引する場合にはとても便利な反面、オンラインからの脅威（不正アクセスの脅威）にさらされるリスクが比較的高くなります。

(2) コールドウォレットとは

「コールドウォレット」とは、秘密鍵の情報を物理的にインターネットから切り離した状態（オフラインの状態）で保管しやすい「ウォレット」です。具体例として、「ハードウェアウォレット」や「ペーパーウォレット」が挙げられます。

頻繁に取引するには不便ですが、オンラインからの脅威（不正アクセスの脅威）にさらされることは少なく、長期間保管するのに適しています。

なお、それぞれのウォレットは特徴も異なるため、複数のウォレットを使い分けているケースも珍しくありません。

ウォレットの種類

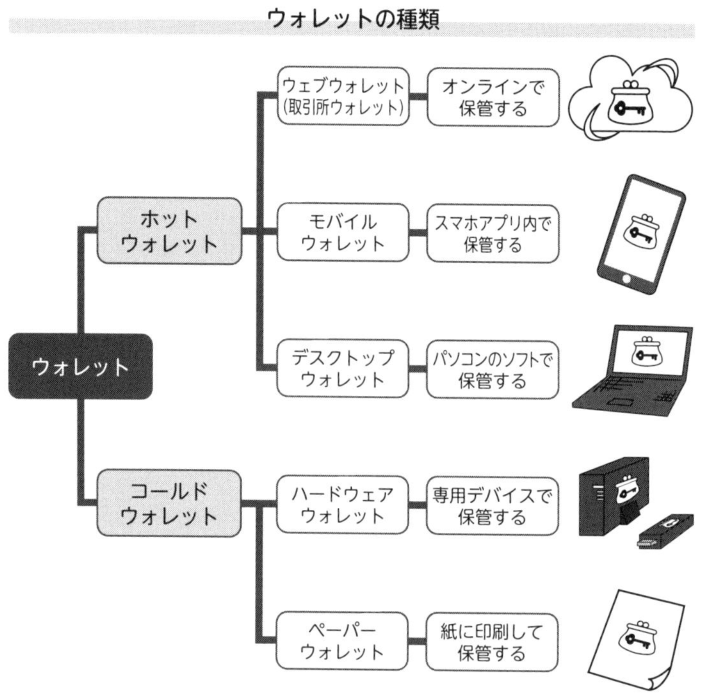

2 ホットウォレットの探しかた

(1) ウェブウォレット（取引所ウォレット）

暗号資産を入手する最もメジャーな方法は、暗号資産取引所（交換所）で所定の銘柄（通貨）を購入（日本円などと交換）する方法です。購入した暗号資産は、ふつう取引所内のウォレットに保管されます。契約者の所有する暗号資産はインターネットを介して取引所の画面から確認することができます。この口座は取引所のサーバー上で管理されており、契約者はインターネットを介してアクセスすることができます。これが、「取引所ウォレット（広義のウェブウォレット）」です。

「取引所ウォレット」については、ネット証券口座アカウントの暗号資産版とイメージされると分かりやすいでしょう。

そのため、ネット証券口座の探しかたと同様、故人のスマホやパソコンに残されたアプリ、受信済みのメールとブラウザーの履歴、確認できる預貯金口座の入出金の記録などを糸口にして取引所を突き止めるのが現実的でしょう（142頁参照）。

なお、暗号資産取引所の口座情報は、紙の書類がないことが一般的です（ネット証券の口座開設のように、書類が郵送されるわけではありません。）。

暗号資産の入手法

暗号資産の入手方法はいくつかあります。暗号資産取引所を利用するほかに、個人間で交換や贈与することもできます。

また、暗号資産の取引や新規発行処理を自前のパソコンを介して手伝う報酬として、その暗号資産を受け取る「マイニング」という手段もあります。

これらの方法で手に入れた暗号資産も、最終的な保管場所は秘密鍵の持ち主が自由に選べます。取引所の売買履歴だけをたどっても、すべての暗号資産の流れが把握できないこともあるということは頭の片隅に入れておきましょう。

(2) モバイルウォレット

モバイルウォレットとは、スマホのアプリ内で管理するタイプのウォレットです。必要なとき以外は、オフラインにすることで不正なアクセスを防ぐことができます。

一般的にウェブウォレットよりも安全性が高く、取引も容易とされていますが、スマホの特性上、インターネットに接続する機会が多く、安全面では不安があります。

アプリなのでスマホが開ければ、アイコンを探すことで見つけ出せます。アクセスできない場合は、クラウドやパソコンなどのバックアップ先を探すとよいでしょう。

(3) デスクトップウォレット

デスクトップウォレットは、上記モバイルウォレットのパソコン版です。利便性と安全性も同等で、おおむねホットウォレットに分類されます。

専用アプリとして動作するので、パソコン内のインストールアプリの一覧やショートカットアイコンをチェックして探すとよいでしょう。

3 コールドウォレットの探しかた

(1) ハードウェアウォレット

専用の機器（ハードウェア）内で管理するタイプのウォレットです。

ウォレット専用デバイスとして作られたタイプのほか、市販のUSBメモリや外付けハードディスクに専用ソフトをインストールしてウォレット化するものもあります。

このため、外見上では一般的な周辺機器と見分けるのは難しいこともあります。ただのUSBメモリと思ってパソコンに挿してみたらウォレットだった、ということもあり得るのです。

故人が暗号資産を所持している可能性がある場合は、パソコンの周辺機器にも、通常以上に目を光らせて中身を調べてみる心がけが大切です。

COLUMN

何百万円相当の暗号資産、捨てちゃった

ハードウェアウォレットについては、上記のとおり、簡単に見た目で判断できるものではありません。

そのため、何百万円相当の暗号資産が保管されたハードウェアウォレットが遺族により捨てられてしまう、ということは、今後頻発するおそれがあります。

(2) ペーパーウォレット

秘密鍵をQRコードなどに変換して印刷し、書類として保管するタイプのウォレットです。

デジタル環境から離れるため、捜索のコツは紙の預金通帳や保険証書、登記簿謄本などといった重要書類を探す場合に近くなります。銀行の貸金庫などに保管してあるケースもあります。

2 暗号資産のしまいかた

1 まずは、ウォレットを見つけて秘密鍵を得る

暗号資産の保有を証明するものは、それぞれの暗号資産に対応する秘密鍵のみです。

暗号資産は、とにかくこの秘密鍵を見つけることが重要で

す。秘密鍵が分からなければ、所持している暗号資産の額も分かりませんし、たとえ本人であっても、換金したり別の何かに交換したりすることもできません。

つまり、「ウォレットを見つけて秘密鍵を得る」、これが暗号資産をしまう（処理する）唯一の方法となります。

秘密鍵を見つけて、そのウォレットごと引き継ぐ等の対応を行うこととなります。なお、ウォレットの中身を把握できる遺族がいない場合は、暗号資産に詳しく、かつ信頼に足る専門家や団体に協力を仰ぐとよいでしょう。

COLUMN 

秘密鍵を知らないから相続税はかからない？

秘密鍵が遺族に伝わっていない暗号資産は相続対象とみなされるのか――。この疑問は、2018年３月23日の参議院財政金融委員会で藤巻健史議員が発した質疑によって国税庁の見解が明確になっています。当時、国税庁長官代行を務めていた藤井健志氏が答弁しました。なお、当時は国会でも暗号資産を「仮想通貨」と表現していました。

藤巻議員：……仮想通貨の相続時の税制についてお聞きしたいんですが、仮想通貨のリスクというのは、パスワードを忘れちゃうともう引き出せないということがあるわけですね。……それでも相続税は掛かるのかどうか。……

藤井氏：……そして、パスワードとの関係でございますが、一般論として申し上げますと、相続人が被相続人の設定したパスワードを知らない場合であっても相続人は被相続人の保有していた仮想通貨を承継することになりますので、その仮想通貨は相続税の課税対象となるという解釈でございます。……
（第196回国会参議院財政金融委員会会議録第六号より一部引用）

つまり、遺族がパスワード（秘密鍵）を把握しているか否かに関わらず相続対象になると明言したわけです。

売買の履歴などから、秘密鍵の所在は不明なままでも、暗号資産を所持している事実はだけは外部から把握できることもあります。もしも、故人のお金のやりとりの中から秘密鍵が不明の暗号資産が数億円相当見つかったら……。背筋の凍る状況ですが、今のところそういった事例はまだ確認されていません。ただし、起こり得るケースであることは確かです。

2 取引所ウォレットのしまいかた

ウォレットの中でも、対外的な手続が必要になるのがウェブウォレット、特に暗号資産取引所に開設された「取引所ウォレット」です。

契約者は秘密鍵を取引所に預けて運用しているので、遺族が秘密鍵を得るには取引所に連絡するしかありません。

ひと昔前は取引所によって相続対応がまちまちでしたが、財務（支）局長の登録を受けている取引所（暗号資産交換業者）なら、現在はおおむね次のとおりの手続で進められます。国内大手の取引所では、年間100件超の相続申請が届いているとのこと（2021年12月時点、以降非公開／古田調べ）で、現場の実務的にも珍しい手続ではなくなっている様子です。

1	契約者の死亡証明や相続人全員の身元証明などの書類を取引所に提出する。
2	取引所が残高証明書や暗号資産売却依頼書などを送付する。
3	遺族側が残高を確認し、必要書類とともに売却依頼を送付。
4	代表相続人の口座に円換算された残高が振り込まれる。

原則として口座解約とともに日本円に換金して相続人に出金する流れとなります。換金レートは死亡時のレートに基づくのが一般的です。ただし、市場流通量の少ないニッチな銘柄は個別対応となるようです。

故人が利用していた取引所のホームページにアクセスし、FAQページにて「相続」「死亡」などのキーワードで検索すれば、専用ページが見つかるはずです。もし、見当たらない場合はサポート窓口に直接問い合わせしましょう。

ただし、海外の取引所に口座がある場合は上記の限りではありません。各国、各取引所の定めた手続に基づいて処理を進める必要があるので、金融庁の登録暗号資産交換業者ではないと判明した時点で、暗号資産に精通した専門家に相談することをお勧めします。

3 暗号資産の残しかた

暗号資産はウォレットを見つけて秘密鍵を把握しないと手出しできなくなります。一方で、秘密鍵が家族に伝わらなくても、暗号資産本体の所有が確認できれば相続税の対象となります。

所有者が何も備えずに亡くなった場合、実態を把握するには一般的な金融資産以上に多大な労力をかけることになるでしょう。いざというときに誰も手が出せないということが容易に起こり得るのが、暗号資産の怖いところです。

日頃から利用している暗号資産取引所やウォレットの置き場所などを家族と共有したり、エンディングノートに記載しておいたりするのがよいでしょう。「スマホのスペアキー」（189頁参照）に必要最低限な情報を記載しておくのも有効です。

とにかく、暗号資産をへそくりにすると非常にハイリスクだということを念頭に置いて運用することが大切です。

COLUMN 

死後に負債爆弾に変わることはある？

秘密鍵が伝わっていない暗号資産が相続対象とみなされた場合、相続人はその分の相続税を納税する義務が生じる可能性があります。

そのほか、暗号資産の証拠金取引を所持したまま亡くなった場合は、他のデリバティブ取引（金融派生商品）と同じように強制決済が間に合わずに資産自体が負債化することもあり得ます。国内のFX市場でいえば、そうしたケースは年間０～５件程度発生しているようです。額は20万～30万円程度。数千万円といった規模の負債は現実では起きていません（古田調べ）。

FX取引と同様、故人の証拠金取引でできた巨額の負債が遺族を襲った事例は国内ではまだ報告されていません。しかし、不安の火種は潰しておくに越したことはありません。

3 NFTを持っている場合

1 NFTの探しかた

暗号資産に似たデジタル資産にNFT（非代替性トークン）があります。デジタルデータでありながら、固有性が保てる特殊な技術で生み出されるもので、スポーツ選手のトレーディングカードやライブチケット、現代アート作品にメタバースで使えるアイテムなど、様々な種類があります。コレクターズアイテムがその希少性から財産価値をもつことがありますが、そのデジタル版と捉えると分かりやすいでしょう。

保有の仕方は暗号資産と同じく、「ホットウォレット」「コールドウォレット」（151頁参照）で保有することになります。

暗号資産取引所で取り扱っていることも多く、暗号資産と一緒に発見されることも珍しくありません。

2 NFTのしまいかた

暗号資産取引所を通してNFTを所有している場合は、取引所に事情を伝えることでNFTそのものが遺族に渡されます。故人が独自に入手して管理している場合は、その本体を突き止めるしかありません。

NFTは相続財産？

NFTの相続性については、2017年にNFTが誕生してからしばらく議論の的になっていましたが、2023年１月に国税庁により、「その内容や性質、取引実態等を勘案し、その価額を個別に評価」した上で、贈与税または相続税が課される対象になるというガイドラインが示されました[3)]。

3 NFTの残しかた

財産性のあるNFTを放置していると、残された側に多大な負担を与えることになります。暗号資産と同じく、保管場所や利用しているサービスを日頃から把握し、緊急時には伝わるように心がけることが大切です。

3） 国税庁「NFTに関する税務上の取扱いについて（情報）」（令和５年１月13日）より　https://www.nta.go.jp/law/joho-zeikaishaku/shotoku/shinkoku/0022012-080.pdf

COLUMN

NFTとメタバース、そして「ネット墓」

複製できない価値をもつNFTは、インターネット上の仮想空間であるメタバースでもよく使われいます。衣装ブランドがメタバース用のアイテムを販売することはもはや珍しくありません。

その延長線上で、故人のアバター（デジタル上の分身）をメタバース上に置く、もしくは自分自身のアバターを自分の死後もメタバース上に残せるサービスも生まれています。

チェコのIT企業であるSomnium Space（ソムニウム スペース）[4]は、自社のメタバース上に死後もアバターが残せる「Live Forever（ライブ フォーエバー）」モードを2023年に実装しました。

また、日本のベンチャー企業であるWallBank（ウォールバンク）が提供しているペット専用のインターネット墓地「memoriR（メモリアール）」[5]では、暗号資産やNFTでも使われる技術を使うことで、運営会社が消滅しても永続的に存在できるオプションメニューを有償で提供しています。

4） https://somniumspace.com/

5） https://memorir.online/

デジ弁からのアドバイス

■各論05　投資・資産運用をしている場合

デジタル遺品の中でも、特に、財産的価値を有するネット証券口座や暗号資産等は、相続手続に影響するため、注意が必要です。発見されるタイミング等によっては、相続紛争（争族）に発展するおそれもあるため、本書の「探しかた」を参考に、争いになる前に速やかに調査されるとよいでしょう。

また、これらのデジタル遺品は相続税の対象となりますが、相続人の３割強が故人のデジタル遺品を把握できなかった等という調査結果がある一方で[6)]、「デジタル遺品」に対する国税当局による調査体制が強化されているとの情報もあり[7)]、申告漏れに注意する必要があります。

6）MMD研究所「デジタル遺品に関する調査」（2022年６月）の調査レポートより　https://mmdlabo.jp/investigation/detail_2081.html

7）エヌピー通信社「所長のミカタ」2023年５月号より

各論 06

キャッシュレス決済サービスやポイントを利用している場合

デジ郎の死亡から2か月……

そういえば、父さんって、
キャッシュレス決済アプリとか
使っていたの？

何それ？

なんとかペイとか……。

あーどうだろう、
新しいもの好きだったから、
やっているかもね。

結構、残高あったのかな。
僕は、いつも5、6万くらい
入れているけど。

どうやって調べるの？

スマホの中を見るしかないと思うな……。
クレジットカードの取引履歴があれば、
分かるかもしれないけど。

本当に面倒ね……。
そういえば、
お父さんの貯めていたポイントって
使えるのかしら？

ポイントのサービスをやっている企業に
問い合わせをしてみたら？
でも、ポイントは基本的には
使えないって聞いたことがあるな。

そうなの？
いろいろとポイントを
貯めてたみたいだったのに……。
こんなんだったら、ポイントなんて貯めずに
使わせておくべきだったわ。

ポイントは、棺桶まで持ち込めないからね。

ところで、マイレージはどうなの？
出張とかで、飛行機を使っていたみたいだし、
クレジットカードもマイルが貯められる
タイプのものだったけど。

マイルは相続できるって
聞いたことあるよ。
航空会社に聞いてみたら？

それはよかった！
たまにはお父さんも役に立つことがあるのね。

……。

天国から……

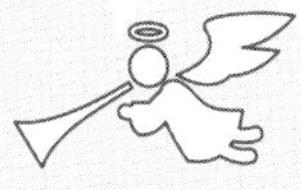

あ〜○○ペイ、使っているな……。
給料がそこに振り込まれるっていうから
ダウンロードしたんだ。

わしにはよく分からん世界だな。

ははは……どんどん進化しているからね。
って、実は、オレもよく分かってないんだ。
とりあえず、
ダウンロードしてから考えるタイプだから。

ポイントは結構貯めていたみたいだね。

いやー
死ぬとは思っていなかったから、
貯めて使うよりも貯めること自体が
目的化しちゃってたわ。
こんなことだったら、
ちゃんと使っておくんだったよ。
ポイントはこっちの世界まで
持ってこれないからね……無念。

マイルは、デジ子さんに
使ってもらえそうでよかったな。

マイルは、もうほとんど残っていないんだよね。
マイルだけに、参る先はございませんってか。

本章の目次

はじめに

スマホに表示したQRコードやバーコードで買い物するコード決済アプリ、いわゆる“○○ペイ”や、非接触チップを使う電子マネーサービスを含むキャッシュレス決済サービスは、近年急成長を遂げています。コード決済アプリのシェアトップとなる「PayPay」を例にとると、2023年10月時点でユーザー数は6000万人を突破しています[1)]。コード決済市場全体の年間店舗利用額も2022年に10兆円を突破しました。

買い物や送金、水道光熱費や税金の支払い手段としても存在感を高めており、お金のやりとりをするツールとしてスマホの価値を益々高める存在といえるでしょう。下記のコラムのとおり、デジタル給与の払い先として選べるサービスもあり、今後も活用の幅が広がっていくとみて間違いなさそうです。

また、昨今では「ポイ活」という言葉が流行しているように、多くの企業がポイントサービスを導入しています。

キャッシュレス決済サービスにチャージされた残高や、各種ポイントサービスに残されたポイントは、持ち主が亡くなった後にどのような道筋をたどるのでしょうか。

故人の財産状況を把握し、適切に相続手続を行うため、これらデジタルで残る「財産」について、探しかた、しまいかた、残しかたを見ていきましょう。

デジタル給与払いが解禁

国内の企業や団体等が従業員に対して給与を支払う方法は、一部の例外を除いて、現金支給または銀行振込みに限られていました。しかし2023年４月にデジタル給与払いが解禁となり、現在は

1）PayPay株式会社「「PayPay」の登録ユーザーがサービス開始から５年で6,000万人を突破！（2023年10月５日）」より
https://about.paypay.ne.jp/pr/20231005/01/

特定のキャッシュレス決済サービスに給与が振り込めるようになっています。

とはいえ、安全性を確保するために多大なコストがかかることもあり、普及はゆっくりと進むとみられています。

補講 キャッシュレス決済サービスの種類

QRコードやバーコードで決済するキャッシュレス決済サービスには、サービス内に電子マネーを「チャージ」して、残高として貯めておき、そこから買い物などの支払いをする「チャージ型」、登録したクレジットカードや預金口座などでの支払いを橋渡しするだけの「非チャージ型」、そのどちらの方法も選べる「ハイブリッド型」があります。

ユーザーが亡くなったときに、アプリ内に電子マネーが残る可能性があるのは、「チャージ型」と「ハイブリッド型（のうち「チャージ型」を利用している場合）」となります。

「非チャージ型」は、いわばデビットカード[2)]のようなもので、それ自体に電子マネーが貯まることはありません。

デジタル遺品の処理という趣旨では、ここの区別が重要となります。

なお、キャッシュレス決済サービスでは決済金額等に応じたポイントが付与されることがありますが、相続を認めない運用が多いようです。

2）デビットカードとは、カードによる支払いと同時に、自分の登録銀行口座から利用額の引き落としがされる仕組みのカードとなります。

主なキャッシュレス決済サービスのタイプと残高上限

タイプ	サービス	残高上限
チャージ式	PayPay（ペイペイ）	100万円
	au PAY（エーユーペイ）	100万円（受け入れ限度額）
	LINE Pay（ラインペイ）	100万円
	メルペイ	100万円（受け入れ限度額）
	楽天キャッシュ	100万円（受け入れ限度額）
	FamiPay（ファミペイ）	30万円
	モバイルSuica（スイカ）	2万円
	nanaco（ナナコ）ペイ	5万円
	楽天Edy	5万円
ハイブリッド式	d払い	100万円（受け入れ限度額）
非チャージ式	Apple Pay	—
	Google Pay	—
	ゆうちょ Pay	—

※2023年９月著者（古田）調査

キャッシュレス決済アプリ内の電子マネーの相続

チャージ（プリペイド）型の電子マネーについては、資金決済法[3]上の「前払式支払手段」に該当するものと解されており、相

3）正式な法律名称は、「資金決済に関する法律」です。

続自体は可能と考えられています。ただし、会員死亡時に残高がゼロになり、払戻しには応じないと利用規約に明記しているケースもかつてはありました。今後も個別に確かめる意識は必要だと思われます。

実際のチャージ残高はどれくらい？

多くのキャッシュレスサービスが参加している一般社団法人キャッシュレス推進協議会によると、主要な決済サービスのチャージ残高の総計はおよそ5447億円に上ります（2023年６月末時点）[4)]。

同時期の月間アクティブユーザー数（月に１度でもサービスを利用した人数）は約7570万人なので、単純計算すると、１ユーザーあたりの平均残高は約7200円となります。この値は調査が始まった2019年の約6000円／人から緩やかに伸びています。

また、スマホでキャッシュレス決済サービスを利用している人の平均利用サービス数は2.7個という民間調査会社の結果も発表されています[5)]。

すると、2023年10月時点では、合計で２万円程度を保有している人が多いといえそうです。

4）一般社団法人キャッシュレス推進協議会「コード決済利用動向調査（2023年４月～６月）」より
https://paymentsjapan.or.jp/code-payments/20231205/

5）MMD研究所「2023年１月スマートフォン決済利用動向調査 第１弾」より https://mmdlabo.jp/investigation/detail_2177.html

1 キャッシュレス決済サービスを利用している場合

[1] キャッシュレス決済サービスの探しかた

以下の2つの方法で、故人のキャッシュレス決済サービスを調査することになります。

① スマホを開くことができる場合
② スマホが開かない場合の次善策

1 スマホを開くことができる場合

故人の利用しているキャッシュレス決済サービスを探すなら、故人のスマホ（またはタブレット）を確認するのが最も手っ取り早くて確実な方法といえます。

スマホを開くことができるなら、インストールされているアプリをチェックして、該当するアプリを見つけていきましょう。

「PayPay」や「au PAY」のようにサービス名そのままのアイコンは発見しやすいでしょう。一方、フリマアプリ「メルカリ」の内部に組み込まれた「メルペイ」のような例もあります。また、様々な決済アプリをひとまとめできるアプリを利用している可能性もあります。様々な可能性を意識して探すのがコツです。

アプリを探すコツ+（プラス）

スマホ内のアプリの配置は人それぞれですが、よく利用しているアプリほど、その人にとって意味のある場所に置かれているはずです。

そうしたレイアウトもヒントとして、重点的に掘り下げるべき決済サービスを見つけ出す意識も重要です。

原則は一つの端末に１アカウント

キャッシュレス決済サービスの多くは、１台のスマホで一つのアカウントを利用する仕組みになっています。

複数台のスマホを併用している人でも、複数台で同じアカウントを流用することは原則としてできません。複数台のスマホを使用していた場合は、すべての端末を個別に調べた方がよいでしょう。

一方で、キャッシュレス決済アプリの利用数は平均で2.7個という調査結果もあります[6)]。１台のスマホで複数のコード決済を併用している可能性も念頭に置いて探すのがよさそうです。

6）　前掲脚注５）に同じ

2 スマホが開かない場合の次善策

スマホが開かない場合は、以下の2つの方法があります。

① 周辺アイテムを探る方法
② お金の流れから探る方法

(1) 周辺アイテムを探る方法

Apple Watch（ウォッチ）等のスマホと連携しているウェアラブル端末等がログインできる状態で残されているなら、端末内にインストールされたアプリや利用履歴からたどることが可能です。パソコン等の内部にバックアップデータが残っていたり、アプリ利用開始時のメールが残っていたりすることもあります。

また、長期にわたってキャッシュレス決済サービスを利用しているなら、旧スマホにアプリがインストールされたままになっていることもありえます。ただし、"○○ペイ" が普及したのは比較的最近のことなので、6～7年前の端末にはヒントが残っていない可能性が高いでしょう。

COLUMN 

主要サービスのサービス開始時期

LINE Payは2014年12月、楽天ペイは2016年10月、d払いは2018年4月、PayPayは2018年10月、メルペイとau PAYは、それぞれ2019年から提供されています。

(2) お金の流れから探す方法

チャージ型のキャッシュレス決済サービスには、銀行口座やクレジットカードを登録して手早くチャージできる機能を備えているものが多くあります。

故人の銀行口座やクレジットカードが判明していれば、死亡時期から１年間分の取引履歴を取り寄せるとよいでしょう。よく使っている決済サービスほどお金の流れがはっきり見えるはずです。

この部分は、前掲の各論03で取り上げた「サブスク等の定額課金サービスの探しかた」（105頁参照）と共通しています。

2 キャッシュレス決済サービスのしまいかた

1 残高の引継ぎ手続について

キャッシュレス決済サービスの大半は、利用規約において一身専属性を有するもの（相続させることはできないもの）と規定されており、遺族がアカウントごと引き継ぐことはできないと考えておくとよいでしょう。

一方で、前述のとおり、アプリ内のチャージ型の電子マネーの残高については、特段の規約がない限り、相続自体は可能といえます[7)]。

ただし、後掲のコラム「PayPay利用規約」に挙げたように、

7) 「前払式支払手段」については、資金決済法上、原則として払戻しは禁止されていますが（資金決済に関する法律20条５項）、アカウントごと引き継ぐことができない場合には、例外的に払戻しが許容される余地もあるものと考えられます（前払式支払手段に関する内閣府令42条１項３号参照）。

相続対応について利用規約やヘルプページで明記しているとは限りません。サービスによってはスタンスが見えにくい場合もあるので、時としてサービスの総合窓口に問い合わせることも必要になると考えておいた方が冷静に対応できると思われます。

COLUMN 

PayPay利用規約[8)]

PayPay残高利用規約

第5条　権利義務などの譲渡の禁止および相続

（編注：前半省略。以下、後半の「ただし、」以下）

利用者に相続が発生し、利用者のPayPay残高アカウントにPayPayマネーまたはPayPayマネーライトの残高が残っていた場合、当社は当社所定の方法に基づき、法令に定める例外事由等を考慮の上、当該利用者の保有するそれらの残高を正当に相続または承継すると当社が確認した者に対し、振込手数料を控除した額を振り込みます。

2 手続に必要な書類

電子マネー残高の引継ぎ手続においては、一般的な相続手続と同様に、契約者（故人）の死亡を証明する公的な書類や故人と申請者の関係性を示す書類の送付を求められるのが一般的です。

---

8) https://about.paypay.ne.jp/terms/consumer/rule/balance

一方で、業界全体の統一ルールがないため、サービスごとに必要書類や手続の流れに差が出てしまうのが実情です（実際のところ、まだ手探りで相続に応じているサービスが多いようです。[9]）。

COLUMN

LINE Payの相続手続

LINE Payの相続手続に関し、提供元は次のように回答しています（LINE Pay株式会社広報）[10]。

「亡くなった方のLINEアカウント内のLINE Pay残高の返金のご要望については、お問い合わせがあった場合、故人がアカウントを保持していたことの確認や、故人と申請者との関係等の確認等を、死亡証明書や戸籍証明書等、必要書類を確認させていただいた上で対応いたします。」

3 申請するタイミング

電子マネーの相続に期限はありませんが、あまり後回しにすると、「故人がアカウントを保持していたことの確認」（前述のLINE Pay広報）が困難になるおそれがあります。

例えば、LINE PayはLINEアカウントに紐付いたサービスですが、故人が使っていた電話番号を手放した後、別の誰かがLINEを始めてしまったら、故人のアカウントの痕跡は、その

---

9)　モバイルSuicaのサービスにおいては、「死亡した会員の退会（払いもどし）手続き」に関する専用ページを用意しており、他のサービスの参考にもなりそうです。

10)　2023年６月筆者（古田）取材より

方に上書きされてしまう可能性があります（90頁参照）。その段階になって相続手続を相談すると、原状の把握（故人によるアカウントの有無やチャージ残高等の確認）が困難になってしまいます。

このため、故人のスマホの通信契約を解約する前の段階で、故人が利用し、かつ残高が残っている可能性のあるキャッシュレス決済サービスに問い合わせるのがよいでしょう。不可逆的な処理は一番最後に回すのが鉄則です（巻頭のxi頁参照）。

COLUMN 

アカウントのスクリーンショットは確保しておきたい

何らかの事情で手続が後回しになる場合も、サービスのアカウントページのスクリーンショット（91頁参照）が残っていれば、必要な情報の消失が防げます。

サポートとのやりとりも円滑になるので、「とりあえずはスクショ」と覚えておきましょう。

PayPayアカウントのスクリーンショット例

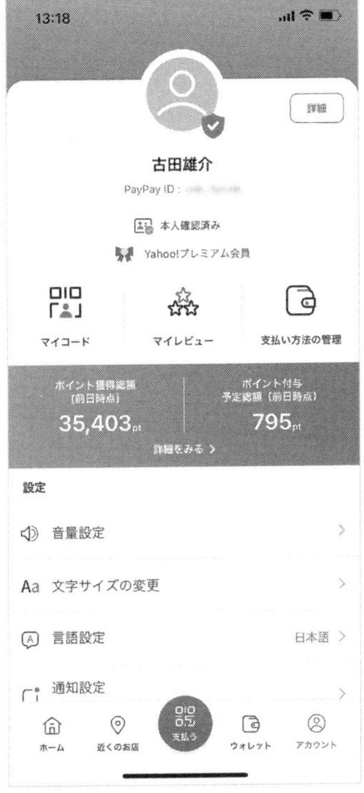

3 キャッシュレス決済サービスの残しかた

前述のとおり、キャッシュレス決済サービスは、基本的に一身専属性を有するため、その場合はアカウント自体を相続対象として引き継ぐことはできないと考えられます。

一方で、電子マネーの残高は基本的に相続の対象となります。

しかし、前述のとおり、業界全体の統一ルールもなく、今のところ残高の引継ぎに関する申請作業は煩雑です。

このため、残される家族のことを考えるのであれば、利用するサービスは、いくつも少額で分散させるよりも、ある程度、数を絞って利用する方が親切かもしれません。

そして、万が一のときに発見や手続が容易になるように、日頃から利用しているサービスを伝えること、「スマホのスペアキー」(189頁参照) 等を利用してインストールしているスマホのパスワードが伝わるように備えることが必要になるでしょう。

加えて、電子マネーの残高は相続可能だということも伝えておく方がよさそうです。新興のサービスゆえに、死後の手続についてイメージしている人はまだ少ないと思われます。

2 企業ポイントを所持している場合

運営元がキャンペーンなどで付与する「企業ポイント」は、上記キャッシュレス決済サービスのみならず、多くのサービスで提供されており、故人名義のポイントが貯まっている可能性があります。

ショッピングサイトを利用していれば、何らかのポイントが付くのが当たり前となり、ゲーム内ポイントや期間限定クーポン等、探せばきりがないほど世の中にあふれています。

デジタル遺品 (15頁) の範ちゅうには含まれないものもありますが、近しい関係ともいえるため、簡単に解説します。

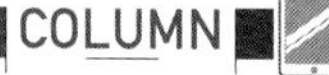

企業ポイントと相続

企業ポイントサービスの多くは、相続を想定していません。

キャッシュレス決済サービスの場合も、電子マネーの残高は相続対象となっても、残存ポイントは引き継げないとする運用がほとんどです。

また、クレジットカードやショッピングモールのポイントなども相続対象とされないケースが珍しくありません。

後述する一部のサービスは、契約者の没後もポイントが引き継げる道筋を用意していますが、むしろ例外的な存在といえます。

1 企業ポイントの探しかた

上記のとおり、企業ポイントは非常に多くの種類があり、網羅的に調査することは非常に難しいと言わざるを得ません。

そのため、故人の生活スタイル等から使用頻度が高く、高額なポイントが残っている可能性のある企業ポイントサービスを特定し、重点的に調査するとよいでしょう。

COLUMN

企業ポイントサービスの特定方法の例

故人が、飛行機をよく利用しており、「マイルが貯まった」等という発言をしていたのであれば、航空会社の「マイル」を貯めている可能性があります。

また、特定の家電量販店で買い物をよくされていた方であれば、その量販店独自のポイントを貯めている可能性が高いと推測されます。

2 企業ポイントのしまいかた

上記のとおり、企業ポイントは相続できる可能性が低いといえますが、ゼロではありません。

そのため、故人の残した「企業ポイント」が発見された場合には、まず、各企業のウェブサイト等で掲載されているポイントサービスの利用規約等を確認しましょう。利用規約等に明記されていない場合や分かりにくい場合には、各企業のサービスセンターへ問い合わせるのも手です。

デジタル遺品の範囲からは外れるかもしれませんが、比較的高額のポイントが残るサービスで相続可能な企業ポイントとして、日本航空（JAL）、全日本空輸（ANA）のマイレージ、家電量販店のポイントをピックアップして解説します。

1 ポイントのしまいかた――マイレージ

日本航空（JAL）と全日本空輸（ANA）いずれも、マイレージの利用規約上、契約者の没後に、マイレージの残高が相続できる旨が規定されています。

一般的な相続手続と同様、戸籍謄本等の必要資料とともに手続を行うこととなります。

なお、マイレージのまま引き継ぐ形になるため、引き継ぐ相続人も同じ航空会社のマイル口座等を所持している必要がある点に注意が必要です。

また、ANAのマイレージは「弊社に対し，故人である会員のマイルの相続権を有することを証明する書類を、会員の死亡日から180日以内に提示する必要があります。」（ANAマイレージクラブ会員規約21条「会員の死亡」）と規定（2022年4月現在）されており、手続期間の制限がある点に注意が必要です。

2 ポイントのしまいかた——家電量販店ポイント

家電量販店によってスタンスが異なり、また利用規約もしばしば改定されているので、各ポイントサービスのスタンスを調べることが大切です。

例えば、ヨドバシカメラのポイント（ゴールドポイント）の場合、ポイントカードは家族と共有できるため、故人が貯めたポイントを家族が使うことに支障はありません。合算はできませんが、ポイントが残っているなら家族が使い切って構わないとされています。

一方で、ビックカメラのポイント（ビックポイント）は2021年4月の利用規約改定により、一身専属のスタンスが明記されました。生死を問わず家族同士の合算ができないルールとなったので、引き継ぎは諦めざるを得ません。

3 企業ポイントの残しかた

これまで見てきたように、死後に遺族に残すことができる企業ポイントはひと握りです。こつこつ貯めていても相続できないばかりか、有効期限を設けているサービスも多く、使わないまま消失してしまうリスクもあります。

意識的に貯めているポイントがあれば、定期的に商品券や電子マネーに交換したり、買い物に活用することで実質的に現金化したりするなど、長期的に保有できる資産に変換するのが得策かもしれません。

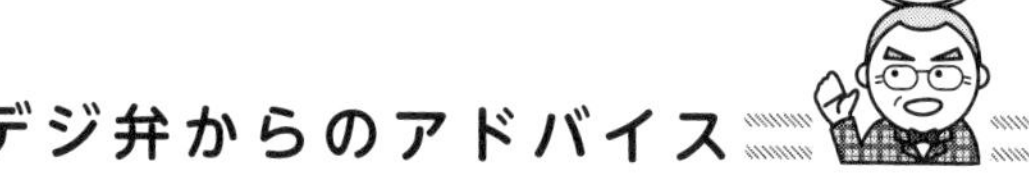

■各論06　キャッシュレス決済サービスやポイントを利用している場合

デジタル給与払いの解禁に伴い、キャッシュレス決済サービスの残高は増加するものと思われます。キャッシュレス決済サービスの残高については、相続（税）の対象となりますので、本書の「探しかた」を参考にしていただき、速やかに調査されるとよいでしょう。

一方で、企業ポイントについては、相続できないケースも多いため、事前に相続の可否を確認の上、相続できない場合には早めに使い切ることを「生前対策」としてご提案されるとよいでしょう。

なお、キャッシュレス決済サービスや企業ポイントに関心を示さない遺族であっても、こと「マイレージ」に関しては強い関心を示すことが多いように感じます。故人のマイレージをめぐって相続紛争（争族）に発展するケースもあるようですので、マイレージの処理については気をつけたいところです。

特別付録

特別付録

デジタル遺品の隠しかた

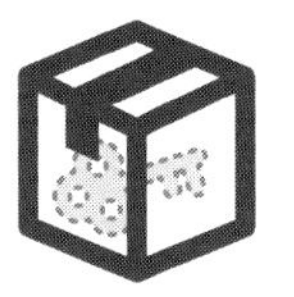

天国から……

故デジ郎

にしても、今の時代、
おちおち死んでいられないね。
死んだだけで、
こんなに家族が困ることになるなんて……。

デジ郎の父チチ郎

デジタル遺品だけとってみても、
こんなに大変なんだから、
一般的な遺品や相続手続は推して知るべし……。
死んだから分かる、終活の重要性だな。

いやさ、デジタル遺品については、
いろいろな情報や希望等を残しておいた方が
よいってことは分かるんだけどさ。
中には見られたくないものもあるわけじゃない？
パソコンやスマホの
ログインパスワードを教えてしまったら、
すべて見られる可能性があるってことになるし、
どうも気が進まないな。
そりゃ、死んだらプライバシーも
何もないのかもしれないけど、
武士の情けというかさ……。

デジタル遺品の隠しかた、
っていう観点も必要ということか……。

そうそう。誰もが聖人君主じゃないんだから、
１つや２つ……。
いや、数えきれないほどの見られたくない、
あんなデータやこんなアカウントが
あったりなかったりかもしれないよ。

おまえが、見られたくないデータを
持っていることはよ～く分かったよ。

へへへ……バレたか。

結局は、きちんと希望を伝える
ということになるんじゃないかな。
どこに何があるか分からない、
という状況であれば、全部見る必要があるけど、
ここにこんなデータがあるから
ここを確認してください、ここ以外は見ないで、
って伝えておくことが重要なんじゃないかな。

見ないで、って伝えたら、
見たくなるでしょ？

故人から見ないでほしい、と言われて、
そのとおりに対応してくれるだけの
人間関係を築くこともあわせて、
デジタル終活なんじゃないかな。

一朝一夕にできるものではないんだね……。
にしても、日頃の対策が重要ということだね。
今度生まれ変わったら、
しっかりと終活をしておかないとな。

本章の目次

はじめに

最後に、多くの方が気にされている（？）デジタル遺品の隠しかたについて、解説したいと思います。

なお、冒頭でも記載したとおり、本書は、デジタル遺品に関する情報等をきちんと遺族に「残す」こと（デジタル終活）を推奨しており、遺族に対し、何らの情報も残さず、デジタル遺品をすべて隠そうとすることを推奨するものではありません。

いかに「残す」と「隠す」を両立すべきか、デジタル遺品を対象とした「デジタル終活」の永遠のテーマについて、一緒に考えていきましょう。

1 1分で終わる、デジタル終活

本書では、様々なデジタル遺品について、生前からの「残しかた」を解説してきました。

もちろん、できる限り多くの方に、エンディングノート等を活用してもらい、遺族にとって必要な情報を共有してもらいたいと考えています。

しかし、一方で、終活全般を通していえることですが、「エンディングノートなんて、面倒くさい」「そんな時間がない」等という声もよく耳にします。

そこで、本書では「1分で終わる、デジタル終活」として、「スマホのスペアキー[1]」を自作することを推奨しています。スマホ等の中にアクセスすることができれば、デジタル遺品の概要はつかめるため、たった1分でもコストパフォーマンスは最高です。

COLUMN

スマホのスペアキーの作り方

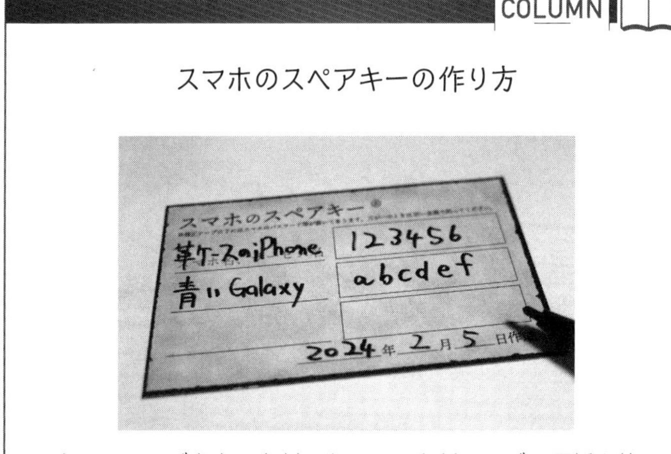

余っているご自身の名刺、あるいは名刺サイズの厚紙を使っ

1）「スマホのスペアキー」は、筆者古田雄介の登録商標です。デザインのテンプレートは古田のホームページ（https://www.ysk-furuta.com/）から無料でダウンロードできます。ぜひご利用ください。

て、早速「スマホのスペアキー」を作ってみましょう。

パソコンやスマホ等（遺族が特定できるように特徴や商品名等も記載）、パスワード、記入日を書き込むだけです。

COLUMN 

パスワードを生前のうちに知られたくない！

パスワードをかけることは、安全にスマホを使う上でとても重要なことです。

記載したパスワードを不意に（あるいは意図的に）見られないようにするために[2)]、修正テープでマスキングしておきましょう。2～3回重ねると透けなくなります。裏からの透けを防ぐために、裏側のパスワード部分にも修正テープを走らせておくとよいでしょう。

このカードを金庫や重要書類の入った引き出しに保管するだけで完了です[3)]。

元気なときに誰かが盗み見たとしても、重要な情報は隠されていますし、修正テープを削ろうものなら痕跡が残るので、気づいた時点でスマホのパスワードを変えて対処できます。そして、自分の身に何かが起きたときは、家族が他の重要書類と一緒に見つけて、パスワードを受け取ってくれます。

2) あくまで自己責任の自衛策となる点にはご留意ください。

3) 火災や地震等のリスクに備えて、しかるべき保管場所に保管されるとよいでしょう。

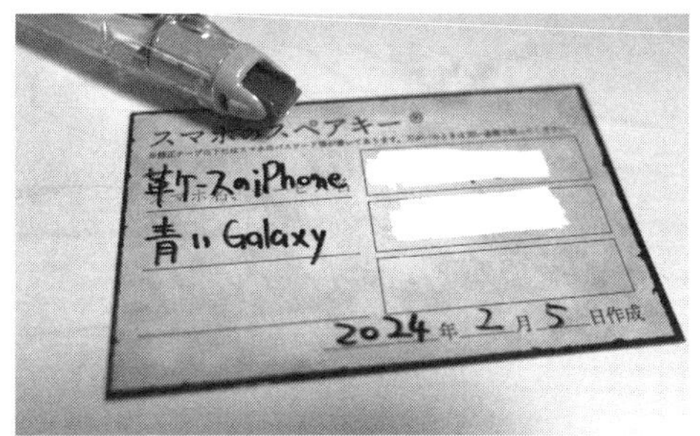

(1) パスワード部分に修正テープを走らせます。透けないように二重にマスキングするのがポイントです。

(2) 預貯金通帳などの重要書類と一緒に、金庫や引き出し、フォルダーなどに保管しておくとよいでしょう。

また、インターネット上の持ち物を終活する方法も、GoogleやAppleなどの大手IT企業が提供する時代になっています。これらの機能も必要に応じて役立てるに越したことはありません。

COLUMN 

「アカウント無効化管理ツール」を使おう

Googleサービスに関する終活なら、「Googleアカウント無効化管理ツール」の活用は最重要ポイントといえるでしょう。

引用：Google「アカウント無効化管理ツール」設定画面より
https://myaccount.google.com/inactive

YouTubeチャンネルを含めたGoogleのすべてのサービスはGoogleアカウントに紐付けられています。このツールで設定しておけば、一定期間アカウントが使われなくなったときにそれらの行く末をひとまとめに指示しておけるので、誰にも把握されずに放置されるといったリスクが避けられます。

プログラムが発動するまでの待機期間は3か月／6か月／12か月／18か月の四択。その期間を過ぎてもログインがない場合に、数回のメール確認を経て設定した措置が稼働する仕組みです。

そのまま各種データもろとも抹消する道も選べますし、特定の相手と任意のサービスのデータを共有することもできます。誰かにYouTubeページを託したいなら「YouTubeとYouTube Music」、クラウド上の写真データを託したいなら「Googleフォト」を指定するといった具合です。

なお、データの共有を選んだ上でアカウントの抹消を求める場合は、指定した相手がバックアップするための猶予期間として追加で3か月間を付与されます。

iCloudも終活できる時代に

Apple IDに紐付いて利用できるクラウドサービス「iCloud」に保存しているデータの死後の行く末は、「デジタル遺産プログラム」を使うことで細かく設定できます。なお、発動するには、残される側が公的な死亡証明を携えてプログラムにアクセスする必要があるので、慎重な準備が求められます。

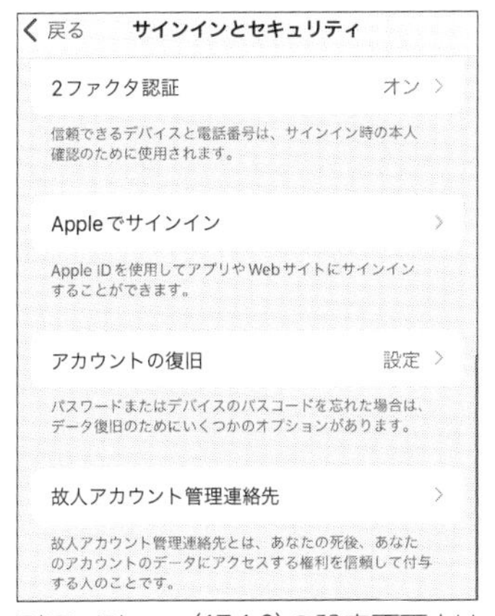

引用：iPhone(17.1.2)の設定画面より

iPhoneからなら「設定」
-「ユーザー名」
-「サインインとセキュリティ」
-「故人アカウント管理連絡先」
で設定可能

2 デジタル遺品を隠したい

デジタル遺品は、一般的な遺品と比べて隠しやすい印象をもっている人が多いかもしれません。

確かに、スマホ等のデジタル機器は、パスワードなどを設定してしまえば持ち主以外がログインすることは困難になります。いわば、スマホ等の中は自分だけが踏み込める世界。第三者の目を気にする必要はなく、家族を含めた他人には見せていない（見せられない）ものもそのまま置いておける。そう考えるのも無理ならぬことだと思います。

3 デジタル遺品を隠し通すことは難しい

しかし残念ながら、遺族が本気でスマホ等の中身を調べようと思えばやりようはいくつかあります。

パソコンのロック解除やデータをコピーする手段は複数ありますし、難攻不落といえるスマホでさえ、お金と時間をかければまったく手出しができないというわけではありません（37頁参照）。加えて、インターネットや外付けハードディスクなどにバックアップが残っていたり、押し入れに入れたままの古いデジタル機器から隠したいデータが見つかったりすることもあります。さらにいえば、今後の技術革新によって、現在は鉄壁とされるパスワードロックも、簡単に解除できる未来がもうすぐ訪れるかもしれません。

結局のところ、本人の都合によりパスワードや生体認証等の壁で囲っても、デジタル遺品を完璧に隠し通すことは難しいといえます。

隠したいものを探られたくないなら、金銭が絡むものや家族写真などの思い出関連、それに連絡系統など、残された人たちが本気で探しそうなものを想像し、それらを分かりやすい場所に置いておくことが何より大切です。

その上で残すものの動線に隠したいものを置かない。壁より先に道を作るのは、最も意識すべき鉄則として押さえておくとよいでしょう。

4 デジタル遺品の隠しかた

「隠したい」デジタル遺品をどう隠すか。

スマホ等をベースに考えると、以下のとおり2つの場合分けが考えられます。

① スマホ等へのログインを許可する場合
② スマホ等へのログインを許可しない場合

①の場合、遺族等に自身のスマホ等へログインしてもらい、デジタル遺品の処理をしてもらうこととなります。

スマホ等へログインされることとなるため、当然「隠したい」デジタル遺品が発見されるリスクはありますが、後述のとおり、デジタル遺品の処理方法等を依頼しておくことで、ある程度リスクを避けることが可能です。

一方で、②の場合には、遺族等に自身のスマホ等へのログインを認めないで、デジタル遺品の処理をしてもらうこととなります。この場合、残すべきデジタルデータを別の機器で管理保存する習慣をつけたり、エンディングノート等に必要な情報をリストアップして別途伝わるように準備したりする必要があり、手間がかかりますが、スマホ等へのログインを認めないため、「隠したい」デジタル遺品が発見されるリスクは最小限に抑えることが可能といえます。

1 スマホ等へのログインを許可する場合

遺族等にスマホ等へのログインをしてもらえるよう「スマホのスペアキー」（189頁参照）等でログインパスワードを共有の上、スマホ等へのログイン後、どのような処理をしてもらいたいのかをエンディングノート等で具体的に依頼することとなります。

【エンディングノート等の記載例】

▶スマホの場合

- 電話帳にある、○○氏、○○氏、○○氏に死亡の連絡をしてほしい。

▶パソコンの場合

- 「ドキュメント」の「仕事フォルダー」内にあるデータをすべて○○氏（連絡先090-××××-××××）に渡してほしい。

一方で、依頼した領域以外のデータについては見ることなくデジタル機器を廃棄してほしいという意思表示も同時に行うことになります。

【エンディングノート等の記載例】

「必要なデータを取り出したら、他の部分は確認することなく、機器を物理的に破壊して処分してください。」

なお、上記のような意思表示をしても、故人と遺族との関係によっては、スマホやパソコン等の機器内を捜索される可能性があります（つまるところ、故人と遺族との関係を良好にしておくことも、デジタル終活の重要な要素の一つといえます。）。

そこで、以下のような方法を用いて、遺族の目に触れないように工夫するとよいでしょう。

【オフラインのデジタル遺品】

▶スマホの場合

① 隠しフォルダーや非公開ファイル設定を利用する方法

② メインとは別に隠す専用のサブアプリを利用する方法

▶パソコンの場合

① セキュリティ機能付きの外付けハードディスク等に保存し、物理的破壊の上、廃棄するよう依頼する方法

② パソコンの階層構造等を利用し、簡単に見られないようなフォルダーへデータを隠す方法

③ 暗号化した外付けハードディスクや内蔵ハードディスクに隠したいファイルを保管する方法

④ 隠しフォルダーを作成し、その中に保存する方法

⑤ デジタル終活用のツールを利用する方法

……など

COLUMN 

スケープゴート（生贄）作戦

スマホのパスワードロック解除が高額であることを利用し、パソコンに家族が必要な情報を集約した上で、パソコンのログインパスワードだけを共有する方法も考えられます。

この場合、スマホのログインパスワードを共有せず、開かないでほしいという意思表示を行うことで、スマホへのログインを防ぎつつ、遺族に必要な情報を共有することが可能です。

ただし、常日頃からスマホのデータ等をパソコンと共有する処理に加え、それでも漏れてしまうデータ等についてはエンディングノート等で補完する必要があります。

COLUMN 

第三者へ依頼する方法

デジタル遺品の処理について、遺族以外の第三者に依頼する方法が考えられます。

この場合、「死後事務委任契約」等といった契約を締結することとなりますが、オフラインのデジタル遺品については、スマホ等のデジタル機器が手元になければ処理ができず、遺族との連携が必要不可欠です。

遺族に秘した上で、これらの死後事務委任業務を遂行することは、事実上不可能に近いと言わざるを得ない点は注意が必要です。

2 スマホ等へのログインを許可しない場合

スマホ等のデジタル機器へのログインを許可しない（ログインパスワードも共有しない）場合には、遺族への引継ぎが必要な情報をすべてエンディングノート等に書き出しておく必要があります（もちろん、ワード等で作成し、プリントアウトしておくことも可能です。）。

ログインパスワードを知られなければ、わざわざ遺族が高額な費用を支払ってデジタル機器のロック解除まで依頼しないだろうと油断をしている方もいるようです。

しかし、パソコンについては、本書記載のとおり比較的安価にパスワードロック解除が可能であり、スマホについても、実は遺族が何らかの方法でパスワード（パスコード）を知っているというケースもあります。

デジタル遺品につき、パスワードを共有していないから、見られることはないと安心することはできないと考えて向き合う姿勢が大切です。

オンラインのデジタル遺品の隠しかた

オンラインに家族に見られたくないものがあるなら、まずは「隠し通せるか」を考えてみましょう。

匿名アカウントで運用しているSNSページなどは、事情を知る知人が仲介しない限り、アプリ、ブラウザーの履歴やブックマーク等を確認されなければ気づかれない期待がもてそうです。

ショッピングサイトやコンテンツサイトなどは購入履歴が残っていても、課金制でなければ現在進行形のお金の流れが発生していないので放置される傾向が強くなります。逆に月額や年額の契約が発生していると、停止する際に実態を調べられる可能性が高まります。

以上を踏まえて、お金の流れを止めること、スマホ等にたどられる情報をなるべく残さないこと、すべてを知る友人を口止めすること（！）などが重要な鍵を握るといえます。

それらを制御した上で、「Googleアカウント無効化管理ツール」（192頁）やAppleの「デジタル遺産プログラム」（193頁）を利用して、いざというときに消去する備えを施すことを検討するのがよいでしょう。

「スマホのスペアキー」のデザイン例

スマホのスペアキー®

※修正テープの下にはスマホのパスワード等が書いてあります。万が一のときは 固い金属で削ってください。

スマホ名、サービス名	

______年______月______日作成

※　デザイン：旦木瑞穂

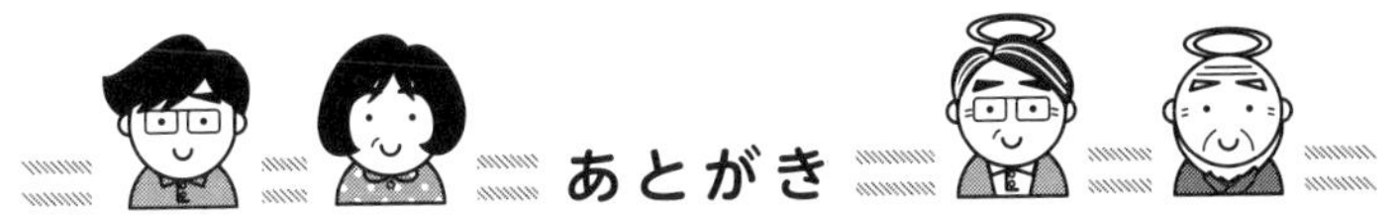

あとがき

「たった１分のデジタル終活で、助かる家族がいる」

昨今、「終活」という言葉が当たり前に使われるようになりました。万が一のときに備えて、自分の身の回りのものを整理したり、財産を棚卸したり、周囲の大切な人たちに伝えるべきことを伝えたり——そうした行為の大切さが広く知られるようになってきたと実感します。

しかし、終活を実践する人はまだそれほど多くないと言われています。終活の代表的な道具である「エンディングノート」は書店の一角を占めるほどの存在になっていますが、20年以上前から遺品整理サービスを営んでいる経営者の方は「現場で見かけることはほとんどありません」と話していました。同様の話を他の同業者の方や医療関係者の方から聞きます。2024年現在も……。

エンディングノートは、自らの持ち物や人間関係、思いを整理するのにうってつけです。しかし、きちんと整理できるがゆえに、書き切るのに相当な労力を要します。終活全般も同じく、きちんとやりきろうと思うほどにハードルが上がります。ましてや、海の物とも山の物ともつかないデジタル資産（遺品）の終活となると、相当骨が折れそうです。

ですから、たった１分で構いません。

お手持ちの名刺や相当なカードサイズの紙を用意して、「スマホのスペアキー」を作ってください。それを大切なモノ入れ（財布や通帳等もおススメです。）などに保管しておくだけで十分です。これをもって最低限のデジタル終活が達成できます。そして後の労力は、他の終活やデジタル資産（遺品）の整理（あるいは隠したいものの作戦会議？）などに割り振ってください。

本書をきっかけに、万が一の「備え」について考えていただけたら幸いです。

本書の執筆にあたっては、日本加除出版の田中さやかさんをはじめ多くの方にご協力をいただきました。この場を借りて、心より御礼申し上げます。

2024年２月

伊勢田篤史

古田　雄介

著者紹介

伊勢田 篤史（終活弁護士・公認会計士）

- 日本デジタル終活協会　代表理事
- 一般社団法人緊急事業承継監査協会　代表理事
- となりの法律事務所パートナー
- 私立海城高等学校卒業、慶応義塾大学経済学部卒業、
  中央大学法科大学院修了

「相続で苦しめられる人をゼロに」という理念を掲げ、終活弁護士として、相続問題の紛争予防対策に力を入れている。主な著書に『緊急事業承継ガイドブック 社長が突然死んだら』(税務経理協会)、『応用自在！覚書・合意書作成のテクニック』（共著・日本法令)、『ストーリーでわかる営業損害算定の実務　新人弁護士、会計数値に挑む』（共著・日本加除出版)、『改正民法と新収益認識基準に基づく契約書作成・見直しの実務』（共著・日本法令）などがある。
(ホームページ　https://digital-shukatsu.net/）

古田 雄介（ジャーナリスト）

- デジタル遺品を考える会　代表
- 名古屋工業大学工学部社会開発工学科卒業

建設現場の監督と葬儀社スタッフを経て、2002年から雑誌記者となる。2010年から故人のサイトやデジタル遺品についての調査を始める。主な著書に『ネットで故人の声を聴け』（光文社新書)、『スマホの中身も「遺品」です デジタル相続入門』（中公新書ラクレ)、『ここが知りたい！ デジタル遺品』（技術評論社)、『故人サイト』（社会評論社）などがある。
(ホームページ　https://www.ysk-furuta.com/）

第2版
デジタル遺品の探しかた・しまいかた、残しかた＋隠しかた
—身内が亡くなったときのスマホ・パソコン・サブスク・SNS・デジタル資産等への対応や、デジタル終活がわかる本—

2021年10月7日　初版発行
2024年2月6日　第2版発行
2024年7月12日　第2版第2刷発行

著　者　伊勢田　篤　史
　　　　古　田　雄　介
発行者　和　田　　　裕

発行所　日本加除出版株式会社
本　社　〒171－8516
東京都豊島区南長崎3丁目16番6号

組版　㈱粂川印刷　　印刷　㈱亨有堂印刷所　　製本　牧製本印刷㈱

定価はカバー等に表示してあります。
落丁本・乱丁本は当社にてお取替えいたします。
お問合せの他、ご意見・感想等がございましたら、下記までお知らせください。

〒171-8516
東京都豊島区南長崎3丁目16番6号
日本加除出版株式会社　営業企画課
電話　03-3953-5642
FAX　03-3953-2061
e-mail　toiawase@kajo.co.jp
URL　www.kajo.co.jp

ISBN978-4-8178-4936-6